Paixão
S.A.

CARO LEITOR,

Queremos saber sua opinião sobre nossos livros. Após a leitura, curta-nos no facebook.com/editoragentebr, siga-nos no Twitter @EditoraGente, no Instagram @editoragente e visite-nos no site www.editoragente.com.br.

Cadastre-se e contribua com sugestões, críticas ou elogios.

NILSON FILATIERI
RAFAEL CARVALHO

Paixão
S.A.

Diretora
Rosely Boschini

Editora
Franciane Batagin Ribeiro

Assistente Editorial
Alanne Maria

Produção Gráfica
Fábio Esteves

Preparação
Juliana Cury Rodrigues | Algo Novo Editorial

Capa e Edição de Capa
Maurício G. Teodoro e Vanessa Lima

Projeto Gráfico
Rafael Nicolaevsky

Diagramação
Vanessa Lima

Revisão
Andréa Bruno e Renato Ritto

Impressão
Edições Loyola

Copyright © 2021 by Nilson Filatieri e Rafael Carvalho
Todos os direitos desta edição são reservados à Editora Gente.
Rua Original, 141/143 – Sumarezinho, São Paulo, SP – CEP 05435-050
Telefone: (11) 3670-2500
Site: www.editoragente.com.br
E-mail: gente@editoragente.com.br

Dados Internacionais de Catalogação na Publicação (CIP)
Angélica Ilacqua CRB-8/7057

Filatieri, Nilson
 Paixão S.A.: transformando o que você ama em um negócio digital / Nilson Filatieri, Rafael Carvalho. – São Paulo: Editora Gente, 2021.
 208 p.

ISBN 978-65-5544-118-5

1. Marketing digital I. Título II. Carvalho, Rafael

21-2249 CDD 658.84

Índice para catálogo sistemático:
1. Marketing digital

Nota da Publisher

Com a versatilidade de quem compreende as mudanças digitais, Nilson Filatieri e Rafael Carvalho nos ensinam sobre como transformar nosso conhecimento em um negócio digital de sucesso e impactar a vida de milhares de pessoas. Escrevo isso com muita tranquilidade porque tenho orgulho em tê-los como grandes parceiros estratégicos. Hoje, a HeroSpark faz parte da família Editora Gente.

Especialistas em negócios digitais, os autores foram fundamentais para nossa transformação digital, assim como são para milhares de empreendedores, sejam eles grandes ou pequenos, que querem mudar a direção de seus negócios e levá-los para o on-line. Além de criarem a HeroSpark e transformarem a plataforma em uma comunidade da qual tenho alegria de fazer parte, eles são jovens que viabilizam sonhos a partir de um negócio, construído e consolidado com anos de experiência, impulsionando negócios digitais lucrativos e transformadores.

Aqui, caro leitor, você aprenderá sobre a Lógica do Herói, uma metodologia validada por mais de 10 mil empreendedores que acreditaram em um guia poderoso para carimbar a sua marca no mundo digital, e também sobre um projeto que cria oportunidades para qualquer empreendedor que quer viver de suas grandes paixões e interesses. Com o brilhantismo de Nilson e Rafael, você encontrará em Paixão S.A. as lições que foram valiosas para mim e para o meu time. E tenho certeza de que elas serão valiosas para você também! Boa leitura!

Rosely Boschini – CEO & Publisher da Editora Gente

CONTEÚDOS EXCLUSIVOS

Para ter acesso a conteúdos exclusivos do livro, aponte a câmera do seu celular para o QR Code abaixo ou acesse o link:

https://herospark.com/livro

Dedicatória

A todos os empreendedores e empreendedoras do meio digital que batalham diariamente em busca dos seus sonhos e impactam a vida de milhares de pessoas com conhecimento e talento.

Agradecimentos

Este livro só existe porque um dia decidimos deixar de concorrer para sonharmos grande e juntos. Deixamos nossas vaidades, nosso ego, nossos conceitos de lado e entendemos que ajudar empreendedores digitais a impactar milhares de pessoas era nosso propósito maior. E essa jornada só foi possível porque não estávamos sozinhos.

Destacamos aqui nossos cofundadores Bernardo Kircove, Hernán Orti e Jeferson Rodrigo, pessoas queridas e que trabalham conosco lado a lado para a concretização do sonho grande que temos.

Durante nossa jornada conseguimos reunir e compartilhar nosso propósito com um grupo incrível de pessoas. São verdadeiros heróis e heroínas que compõem o time HeroSpark. Nós não estaríamos aqui sem a dedicação e comprometimento de cada um dos nossos heróis.

Outra pessoa que merece ser destacada é nosso sócio Rafael Silvério, profundo conhecedor do mercado, que abraçou o projeto deste livro e se dedicou a levar esta mensagem ao maior número de pessoas possível.

Também merecem um agradecimento mais que especial nossos investidores Invisto e Alexia Ventures, que confiaram em nosso trabalho e tem nos ajudado a impactar cada vez mais pessoas.

Agradecemos ainda a confiança depositada em nós ao longo de todos os anos por todos os nossos usuários e clientes. É um enorme prazer compartilhar e contribuir com suas jornadas.

Em todos os momentos, principalmente nos mais difíceis, sentimos o amor, apoio e carinho de nossos familiares.

Eu, Rafael, quero deixar um agradecimento especial para minha esposa Solimar e minha filha Rafaela por me amarem e apoiarem em todos os momentos. Agradeço também aos meus pais, José e Maria, e à minha irmã Aline por acreditarem em mim desde o início.

Eu, Nilson, agradeço à minha amada esposa Beatrice por acreditar e me apoiar em tudo desde o início de minha jornada empreendedora. Agradeço aos meus pais, Nilson e Cleide, por investirem tanto em minha vida e na das minhas irmãs, Izabella e Ivana.

Por fim, mas não menos importante (ao contrário), agradecemos nosso mestre, líder e salvador Jesus Cristo, que tem muita paciência conosco, que nos abraça todos os dias, fortalece e lidera nossos passos.

Nada seria possível sem o amor e a graça de Deus em nossas vidas.

Sumário

15 PREFÁCIO
de Marcelo Amorim

21 INTRODUÇÃO
Deixe de ser um expert oculto

35 CAPÍTULO 1
O problema é seu

49 CAPÍTULO 2
Qual é o seu custo de oportunidade?

61 CAPÍTULO 3
O seu conhecimento vale muito, mas você sabe o quanto?

73 CAPÍTULO 4
Do modelo analógico ao digital

89 CAPÍTULO 5
Passo 1: Lance o seu conhecimento para o mundo

107 CAPÍTULO 6
Passo 2: Disciplina inteligente

117 CAPÍTULO 7
Passo 3: Como validar a sua ideia

139 **CAPÍTULO 8**
Passo 4: Visão em perspectiva

153 **CAPÍTULO 9**
Passo 5: Determinação implacável

167 **CAPÍTULO 10**
Passo 6: Desapego seletivo

177 **CAPÍTULO 11**
A hora de começar é agora

201 **CAPÍTULO 12**
Transforme sua faísca em brilho intenso

PREFÁCIO de Marcelo Amorim

Gostaria de iniciar este prefácio avisando algo muito importante: sou suspeito para falar de Nilson Filatieri e Rafael Carvalho, dois empreendedores de quem sou fã e conheço há bastante tempo. Nilson atravessou meu caminho quando começamos a avaliar a primeira empresa que investimos juntos em Curitiba, a EadBox. Nos aproximamos durante as inúmeras reuniões e encontros de startups na cidade e fizemos uma aposta de que a EadBox seria a primeira e mais completa plataforma de cursos on-line do Brasil.

Conheci o Rafael depois de um ano, líder da Edools junto com Bernardo Kircove, cofundador da empresa. Rapidamente, nos tornamos amigos e, com a convivência, tive a sorte de ver de perto os valores e a conduta que Nilson e Rafael compartilham. Com essa sintonia, fizemos a fusão entre a EadBox e a Edools, dando origem à HeroSpark. Ali, iniciávamos uma parceria marcada pela resiliência, pela visão empreendedora e pela vontade de fazer coisas grandes.

Temos uma história de amizade muito intensa. Como representante do fundo de investimentos Fundo Sul Inovação e Invisto no conselho da HeroSpark, compartilhamos uma parceria ao longo dos últimos anos e pude acompanhar todos os desafios e superações da empresa. Vendo-os como sócios, acho muito impactante a visão alinhada do negócio que possuem e como ambos tem certeza do sucesso que a HeroSpark alcança todos os anos, superando expectativas, crescendo exponencialmente e, é claro, dando mais oportunidades para que outras pessoas cresçam também. São anos de experiência e vasto trabalho nessa área, transformando-os em autoridade quando o assunto é tirar a expertise do anonimato e transformá-la em um negócio digital.

Presencial ou virtualmente, traçamos uma jornada juntos e é um prazer imenso apresentar para você, caro leitor, o prefácio de uma obra tão importante, pautada no conhecimento e experiência adquiridos ao longo de anos de trabalho, com disciplina, força de vontade, muitas noites de sono perdidas e tantas vitórias que se acumulam na conta. Nilson e Rafael são empreendedores que cruzam os desafios e conseguem encontrar soluções construindo o sonho de outras pessoas.

E é sobre isso que este livro fala: sobre sonhar, sobre crescer, sobre empreender no mundo digital e transformar a sua ideia em um negócio que impactará milhões de pessoas. Não é novidade que a pandemia do covid-19 transformou relações e as funcionalidades gerais do nosso ecossistema, bem como o fato de essa afirmação estar diretamente relacionada ao momento oportuno em que o Brasil se vê em relação à transformação digital. Acelerados por uma fatalidade, tivemos que encurtar aprendizados, fazer escolhas mais rápidas e ajustar nossas rotas muito bruscamente, e isso não aconteceu apenas em âmbitos superficiais, mas sim para todos. Ninguém saiu ileso. E é justamente por isso, caro leitor, que Nilson e Rafael, chegam na contramão de um momento de crise para ajudar quem mais precisa e garantir que o sucesso esteja ao alcance de todos.

Não estamos falando apenas do empreendedor tradicional, mas sim de incontáveis possibilidades como cursos de música, apresentações, arte, culinária e todos os outros que você puder imaginar. A ideia aqui é caminhar em direção a um infinito de possibilidades, transformando o mundo da maneira que o entendemos. E isso é fundamental!

Não me surpreendi quando resolveram fazer este livro. Na verdade, vejo esta obra como resultado do trabalho coletivo que eles têm desenvolvido na empresa. O empreendedorismo digital é um fenômeno impressionante que afeta a dinâmica do mundo inteiro, especialmente no Brasil, mas ter o *feeling* e a expertise de um bom empreendedor é fundamental. Na HeroSpark, é impossível não reconhecer que Nilson e Rafael criaram uma comunidade repleta de uma geração de empreendedores digitais que trabalham de modo diferente e produzem conteúdo digital de qualidade, com alto valor de distribuição e consumo. São indivíduos que trazem para todos os países da América Latina e, sobretudo, o Brasil, perspectivas de transformação e criação de oportunidades.

A partir de ampla experiência, os autores conseguem apresentar ao leitor um texto que carrega a autoridade e a credibilidade de quem mergulhou no universo do empreendedorismo digital. Com uma linguagem acessível e com zero enrolação, **Paixão S.A.** discute pontos importantes no desenvolvimento da era digital no Brasil. É uma obra que elucida como criar um conteúdo digital relevante, simplesmente porque traduz os interesses, as paixões e as especificidades de cada pessoa. Aqui, os autores ensinam os comportamentos de um perfil de empreendedor que trabalha com ativos digitais por meio de um investimento pessoal e de um *mindset* fundamental para quem deseja empreender.

É um livro importantíssimo e está estruturado de maneira lógica e precisa para que você entenda todos os pontos dessa jornada. Aqui você aprenderá como desenvolver habilidades para se transformar em um empreendedor digital e distribuir o seu produto para milhares de pessoas do Brasil inteiro e exterior. Não é apenas uma oportunidade, mas também uma necessidade, principalmente no momento em que estamos vivendo. Em outras palavras, você encontrará aqui o caminho das pedras de maneira facilitada, verificada e transformada em um conteúdo que pode ser utilizado por qualquer um.

Em Paixão S.A., entendemos o motivo pelo qual a jornada do empreendedor é eletrizante. Por meio da metodologia da Lógica do Herói, os autores se aprofundam nas adversidades enfrentadas ao longo do caminho. Mostram que, para criar um empreendimento novo, digital ou não, é preciso compreender os desafios do futuro do seu negócio. Durante o processo, empreender torna-se sinônimo de pular de um penhasco sem paraquedas e, por isso mesmo, atesto o quanto é crucial seguir os seis passos que você encontrará aqui: acredite e confie no seu projeto; tenha disciplina; valide sua ideia; valorize e semeie a visão crítica; tenha uma determinação implacável e esteja pronto para as mudanças que significam transformação. Com esse caminho, somos convidados a iniciar uma trajetória inspiradora, no qual o combustível é o impacto do seu conteúdo e, logicamente, os resultados financeiros, pois, por meio dessa metodologia, o empreendedor entenderá que a execução correta de uma ideia também significa a prosperidade do negócio, mesmo que este não seja o objetivo imediato.

Pessoalmente, como um grande consumidor de livros físicos e digitais e como defendedor das grandes obras de cabeceira, vejo aqui um guia para o futuro que se inicia agora. Se você tem alguma dúvida sobre quando entrar neste universo e entender sobre o empreendedorismo digital, minha dica é simples: leia **Paixão S.A.**! Se você tem esse material a sua disposição, comece a leitura e inicie o seu processo de transformação. Com a experiência de Nilson Filatieri e Rafael Carvalho, você vai transformar suas paixões em um empreendimento que impacta muitas vidas!

Por isso, meu conselho é para que você arregace as mangas, vire a página e comece agora mesmo. Aproveite o trabalho ao qual você está tendo acesso, transforme a sua ideia em um negócio digital e se lance nesse mercado. **Paixão S.A.** fala sobre talento, força de vontade e disciplina. E todos esses atributos eu tenho certeza de que você tem. Vamos juntos nessa jornada!

INTRODUÇÃO
Deixe de ser um expert oculto

INTRODUÇÃO 23

Quanto você poderia lucrar se fizesse só aquilo de que gosta?

Muitas pessoas no mundo odeiam o trabalho que têm. Em especial, detestam o próprio chefe. Para chegar a essa conclusão, os pesquisadores da Gallup World Poll analisaram as respostas de 1,7 milhão de pessoas, em 160 países.[1] Apenas 15% dos profissionais disseram estar felizes e engajados no que fazem. O líder direto é parte do problema, segundo a pesquisa, por não apoiar o pleno potencial de desenvolvimento dos colaboradores. Outro jeito de ver a questão: as pessoas são infelizes no trabalho por não realizarem o que acreditam que são capazes de fazer, a partir do que sabem, e culpam o chefe. Decidimos escrever este livro porque acompanhamos milhares de profissionais que transformaram suas ideias, experiências e conhecimentos em negócio. Então sabemos que essa jornada é possível.

Todos podem viver de sua paixão, transformar aquilo que conhecem, suas experiências e ideias, em um negócio que impacte milhares de outras pessoas – e podem ganhar dinheiro com isso. Nossa crença não vem do nada, vem dos fatos. Após vivenciar o

---

1   CLIFTON, J. The World's Broken Workplace. **Gallup,** 13 jun. 2017. Disponível em: https://news.gallup.com/opinion/chairman/212045/world-broken-workplace.aspx. Acesso em: maio 2021.

empreendedorismo on-line e ajudar mais de 10 mil pessoas a fazer seus projetos decolarem na internet, concluímos que as barreiras para se tornar um empreendedor digital de sucesso são cada vez menores. ==Esse mercado está só no início e, se você deseja fazer parte dele, sim, você está no lugar certo, na hora certa, lendo o livro certo.== E vamos explicar por quê.

A internet não só tornou o ato de abrir uma empresa mais fácil, na medida em que reduziu o custo para empreender, como também escancarou o mercado consumidor para os novos entrantes, já que praticamente não há mais barreiras geográficas. Empreendedores costumam dizer que vivemos a era do Davi *versus* Golias, em que, pela primeira vez, os pequenos estão engolindo os grandes. Esse cenário tem estimulado mais brasileiros a começarem o próprio empreendimento – muitos deles na internet.

Um dos estudos globais mais consistentes da atualidade sobre empreendedorismo é o do Global Entrepreneurship Monitor.[2] Ele mostra que a taxa de empreendedorismo no Brasil é a maior entre os países do BRICS (Brasil, Rússia, Índia, China e África do Sul), sendo a China a segunda colocada. A quantidade de novos negócios nos Estados Unidos é inferior à da China. Os países emergentes, como o Brasil, têm empreendido mais do que as grandes potências. Ademais, o mesmo estudo mostra que, além de haver mais negócios

---

[2] GLOBAL Entrepreneurship Monitor. **Global Report** 2019/2020. Disponível em: https://www.gemconsortium.org/report/gem-2019-2020-global-report. Acesso em: maio 2021.

iniciantes on-line (ou startups), há mais empreendimentos digitais emergentes transformando-se em empresas maduras. Ou seja, há um ambiente que favorece o risco de empreender.

O ano de 2020, quando a covid-19 começou a se propagar no país, foi especialmente frutífero para os novos negócios digitais no Brasil. Além de ganharmos novos unicórnios,[3] como são chamadas as empresas com valor de mercado superior a 1 bilhão de dólares, os investimentos em empreendimentos digitais somaram mais de 9 bilhões de reais, a maioria dessa quantia vinda do exterior. Isso é o reflexo de um ecossistema em amadurecimento, com empreendedores mais experientes e conteúdos mais relevantes à disposição para aqueles que querem estudar a fundo e empreender.[4]

A era do conhecimento e o *lifelong learning*

Você já deve ter ouvido falar que "os dados são o novo petróleo". A frase foi criada por Clive Humby, um matemático e empreendedor inglês especializado em ciência de dados.[5] Além de expressar o

---

[3] CARRILO, A. F. Chegamos a 13 unicórnios! Conheça as novas startups de 2020. **Startupi**, 12 dez. 2020. Disponível em: https://startupi.com.br/2020/12/chegamos-a-13-unicornios-conheca-as-novas-startups-de-2020/. Acesso em: maio 2021.

[4] SAGRADI, R. Quais são os unicórnios brasileiros em 2021? **Ace Startups**, 7 jan. 2021. Disponível em: https://acestartups.com.br/quais-sao-os-unicornios-brasileiros/. Acesso em: maio 2021.

[5] CLIVE Humby. In: **Wikipedia**. Disponível em: https://en.wikipedia.org/wiki/Clive_Humby. Acesso em: maio 2021.

poder que a informação ganhou na atualidade, essa fala nos faz pensar em como o conhecimento se tornou um elemento essencial para navegar no mundo de dados que nos rodeia. Sem ele para analisar e interpretar a informação que está diante de nós, o dado é como óleo bruto. Nesse contexto, há uma oportunidade enorme na sua frente para empreender com aquilo que é o maior ativo: o seu conhecimento.

Será que você poderia estar ganhando dinheiro ensinando na internet o que sabe e mais gosta de fazer? A primeira reação a essa pergunta é quase sempre de negação: "Ah, mas eu não tenho prática de ensino", "Não me sinto confortável falando para uma audiência", "Não entendo nada de tecnologia e não saberia como e nem por onde começar". Se você baixar a guarda e abrir a cabeça para o que vamos compartilhar neste livro, verá que há uma enorme oportunidade diante dos seus olhos.

Como nunca antes na história, os costumes, os processos de trabalho, os modelos de produção e até as relações entre as pessoas estão evoluindo em um ritmo frenético. E, para sobreviver e se destacar neste mundo em incessante transformação, a capacidade de aprender constantemente – até o fim da vida – é indispensável.

É nesse contexto que surge o *lifelong learning*, podendo ser traduzido como "aprendizagem ao longo da vida" ou "educação continuada".

A ideia faz jus ao nome: aborda a necessidade de os indivíduos manterem-se constantemente estudando e se desenvolvendo. O conceito parte do princípio de que o modelo tradicional de educação, perpetuado ao longo do século XX, já não é suficiente para preparar as pessoas, mantê-las atualizadas, competitivas e produtivas. Nesse contexto, pessoas com qualquer habilidade, conhecimento ou experiência têm muito a contribuir. E é aqui que as oportunidades se abrem para você.

Por medo ou por falta de incentivo, indivíduos não costumam expor seu conhecimento publicamente, muito menos na internet. A maior parte de nós, em vez de produtora, é consumidora de informações e conhecimentos. Para cada pessoa que produz conteúdo, temos cerca de 50 mil outras que somente o consome.[6] Como motivar mais pessoas a contribuir e ajudar aqueles que querem crescer e ter sucesso? Uma pergunta sempre esteve na nossa cabeça. E, mais uma vez, é a razão pela qual este livro foi criado.

O primeiro passo é entender o tamanho da oportunidade que está na sua frente. E aqui estamos falando do mercado de ensino

---

[6] Disponível em: https://pageviews.toolforge.org/siteviews/?platform=all-access&source=pageviews&agent=user&range=latest-30&sites=en.wikipedia.org. Acesso em: maio 2021.

a distância, mais conhecido pela sigla EAD. Segundo o Censo EAD Brasil,[7] o ensino a distância no Brasil já é o meio pelo qual três em cada dez brasileiros se formam. O público de um curso de graduação EAD é bastante diverso, mas, no geral, são pessoas que buscam se capacitar e aprender em uma modalidade de ensino inovadora, econômica e que investe em comodidade e flexibilidade. Ainda de acordo com o levantamento, a maior parte dos estudantes abrange as faixas etárias entre 26 e 40 anos. O mais importante é que se estima que, na próxima década, mais alunos estarão matriculados em um curso EAD do que em um curso presencial.

Esse crescimento está relacionado não só ao maior interesse por uma modalidade mais acessível e inovadora de ensino – como falamos acima – como também ao maior acesso da população em geral à internet. Praticamente sete em cada dez brasileiros hoje têm acesso ao meio digital. O número de usuários de smartphones chegou a 71% da população, sendo 70% em cidades e 44% em áreas rurais, e o tempo de conexão por dia atingiu a marca de nove horas, mostra o Censo EAD Brasil. Há uma enorme oportunidade de oferecer conteúdo relevante na internet para uma população que precisa se qualificar. Em resumo, você está diante de um mercado novo, em rápido crescimento e que busca novos talentos das mais variadas áreas de atividade. E aí, vai encarar?

---

[7] CENSO EAD.BR – 2019/20. **Abed**. Disponível em: http://www.abed.org.br/site/pt/midiateca/censo_ead/1986/2021/03/censoeadbr_-_2019/2020. Acesso em: maio 2021.

Olhando para a realidade e para as perspectivas futuras do EAD, começamos a nos perguntar: por que mais pessoas capacitadas não estão ajudando outras com o seu conhecimento? Sabemos que no Brasil a qualificação da população ainda é um desafio. Ok, pode ser que você nem se dê conta de que possui um conhecimento relevante e que muita gente se interessaria por ele. É justo também o argumento de que ninguém até hoje o ensinou como ganhar dinheiro ensinando outras pessoas. E há ainda o desafio da tecnologia. Como utilizar as soluções digitais para se tornar um professor ou mentor na internet? Bem, é para responder a todas essas questões que nós estamos aqui.

O início de tudo: quem somos nós na fila do pão?

Eu, Nilson Filatieri, fundei a Eadbox em 2012, depois de montar dois negócios que não foram adiante, que quebraram mesmo. A Eadbox oferece um "software como serviço" para gestão de educação a distância. É uma plataforma de ensino a distância para quem não sabe nada de programação ou de design e quer começar a produzir cursos on-line. Como boa parte dos empreendedores, sou inquieto, quero sempre melhorar, crescer. Essa mentalidade me ajudou a fazer a Eadbox decolar. Ao mesmo tempo, esse jeito de pensar também me fez questionar, depois dos primeiros anos: *Será que para continuar dando certo só preciso repetir meus acertos?* Ou então: *O que falta para sermos cem vezes maiores?*

Essas duas questões não saíam da minha cabeça e me levaram a conhecer o meu maior concorrente, o Rafael Carvalho. Mas agora vou passar a bola para ele, já que este livro é um projeto a quatro mãos, para que ele conte sua trajetória e como nos conhecemos.

Eu, Rafael Carvalho, sempre quis impactar a vida de muitas pessoas. Nem sabia como ou exatamente por quê, mas era algo que existia dentro de mim desde jovem. Dessa motivação nasceu a Edools, uma plataforma digital para melhorar a experiência na relação entre quem ensina e quem aprende. Eu já tinha começado outros projetos antes, porém nenhum havia dado certo de fato. Com a Edools foi diferente. A empresa conquistou muitos clientes e, consequentemente, cresceu. Assim como o Nilson, a partir de determinado momento, comecei a me perguntar: *Será que existem novas oportunidades para impactar mais gente que queira ganhar dinheiro vendendo o seu conhecimento?* A busca por novas fronteiras para crescer meu negócio me aproximou do Nilson.

A nossa aproximação foi uma coisa inusitada. Afinal, éramos concorrentes em tempo integral. Como empresas que disputam em um mesmo setor, nossos vendedores competiam a cada negócio. Copiamos tudo um do outro, então uma união seria algo muito improvável. Porém, certo dia, decidimos nos conhecer.

Para se ter uma ideia, respeitadas as proporções dos negócios, era como se o Burger King e o McDonald's se sentassem para pensar sobre como poderiam trabalhar juntos. Ou então, era como se o

Corinthians e o Palmeiras parassem para discutir como formar um só time. Entretanto, isso só foi possível porque mudamos nosso jeito de pensar e de enxergar um ao outro. Tivemos, cada um a seu tempo, um "clique" que nos fez entender que, como empreendedores, nossa ambição em fazer com que pessoas pudessem construir negócios de sucesso era muito maior do que os interesses pessoais. E, fazendo isso juntos, poderíamos ser mais bem-sucedidos ainda!

Além disso, na nossa visão, ficou claro que chegaria a hora em que abrir um negócio sem sair de casa se tornaria uma realidade cada vez mais comum para muitas pessoas. Os empreendedores que atendemos até aquele momento, muito em breve, se tornariam milhares de pessoas. Esse movimento está só no início. Estamos só começando a ver um novo ciclo de crescimento e de mudança de paradigmas no trabalho, na carreira, na maneira como a tecnologia afeta a ambos e nas possibilidades que ela cria.

Está se desenhando um novo mundo em que a experiência de ensinar e aprender já começou a mudar radicalmente. Da mesma forma, começar e prosperar em um negócio a partir daquilo que você conhece bem e sabe fazer nunca esteve disponível para tantas pessoas como agora. Isso tudo significa uma grande oportunidade: a de começar o próprio empreendimento sem nem mesmo sair de casa, vendendo e educando pessoas que precisam saber o que você sabe para poder crescer. Durante a jornada, você ainda vai ganhar um bom dinheiro com isso. Não faltam exemplos para ilustrar esse caminho.

Das nossas conversas sobre unir os dois negócios, que começaram em 2018, nasceu, um ano depois, a HeroSpark, com 6 milhões de usuários em mais de vinte países. Nosso público é formado por pessoas como você, que tem interesse em compartilhar o próprio conhecimento (e ser remunerado por isso), mas não tem experiência no mercado da educação. A HeroSpark nasceu para capacitar novos empreendedores e oferecer toda a infraestrutura para levar os projetos deles mais longe e o mais rápido possível.

Se você se vê como um empreendedor e quer saber como transformar o que sabe em um negócio, siga conosco! Começamos essa jornada há alguns anos, erramos muito, aprendemos mais ainda e estamos aqui para contar como fazer.

A sua jornada em seis passos: o nosso método

Organizamos e sistematizamos tudo o que aprendemos, entre erros e acertos, a partir da prática de apoiar novos empreendedores a crescer seus negócios on-line. Nós vamos mostrar a você um caminho acessível para que deixe de ser um expert oculto e consiga impactar milhões de pessoas com o conhecimento que possui. Você vai aprender o que fazer, o que não fazer, quais as prioridades em cada etapa do projeto e em que momento investir mais energia para fazer sua ideia decolar.

INTRODUÇÃO 33

Batizamos o método que vamos usar de Lógica do Herói. Ele consiste em seis passos, que devem ser entendidos a partir de quatro habilidades, ou superpoderes, que você precisa adquirir para parar de perder tempo e lançar o seu conhecimento para o mundo. São eles:

Passo 1: Lance o seu conhecimento para o mundo

Nesta etapa, você vai se deparar com duas questões fundamentais:
- O que fazer?
- Qual é o nível de engajamento que o projeto exige?

Para respondê-las, você vai precisar encontrar o seu **Superpoder**.

Passo 2: Disciplina inteligente

Quando alguém é muito bom em determinada atividade, o que realmente o torna bom? Apresentaremos que o que distingue as pessoas que são bem-sucedidas naquilo que se propõem a fazer é a capacidade de criar rotinas para simplificar o seu dia a dia e a de ganhar velocidade nas coisas que vão realmente fazer a diferença. No projeto on-line que você quer começar, será primordial ter disciplina inteligente para decidir onde colocar sua energia e seu tempo para obter o melhor resultado.

Passo 3: Como validar a sua ideia

A sua ideia de curso on-line é absolutamente inútil se você a guardar para si e não a testar com clientes reais. Mostraremos como testar o seu projeto piloto de curso on-line no digital.

Passo 4: Visão em perspectiva

Para ser bem-sucedido, você precisa exercitar sua visão em perspectiva para enxergar além do alcance. Isso vai fazer com que vislumbre novos caminhos e novas oportunidades onde outras pessoas visualizam apenas problemas.

Passo 5: Determinação implacável

Começar um negócio é como subir uma montanha. O esforço é grande, mas, quando se chega ao topo, o retorno é enorme.

Passo 6: Desapego seletivo

A arte de escolher as suas batalhas é um fator crítico de sucesso no curto, no médio e no longo prazo. Vamos mostrar as quatro questões-chave que você precisa responder para praticar o desapego seletivo, um superpoder para manter a consistência ao longo do tempo sem ter um *burnout*.

A jornada que você precisa percorrer não é um grande mistério, é até bastante simples. Porém, o fato de ser simples não a torna fácil. Para ser capaz de lançar seu conhecimento para o mundo e ser bem-sucedido, é preciso dominar a Lógica do Herói. Acredite, você tem o poder de transformar a vida das pessoas com o seu conhecimento. Basta ter a coragem de dar o primeiro passo. E aí, está pronto para começar?

CAPÍTULO 1
O problema é seu

CAPÍTULO 1 / 37

Em 1992, o então governador democrata do Arkansas, Bill Clinton, disputava as eleições presidenciais dos Estados Unidos com o rival republicano George W. Bush. Em seus discursos, Clinton frequentemente repetia uma frase que expressa a crença de muitas pessoas ainda hoje: "Se trabalhar duro e seguir as regras, você será capaz de progredir, ter uma boa vida e preparar o caminho para seus filhos terem uma ainda melhor".[8] Clinton repetia essa frase para, em seguida, dizer que, por uma série de motivos, essa ideia já não era mais verdadeira.

Hoje é fácil perceber que trabalhar duro e jogar dentro das regras não garante uma vida tranquila. Ou seja, caso não tenha percebido, você tem um abacaxi para descascar nas mãos. Em 1992, a internet engatinhava, pouca gente tinha e-mail e as enciclopédias (se você não sabe que bicho é esse, dê um Google) ainda eram usadas nas pesquisas. Vivíamos em um sistema fechado anterior à globalização e às novas tecnologias que transformaram o trabalho e os negócios. De lá para cá, a automação, a globalização e a internet mudaram radicalmente a maneira como vemos o trabalho.

O conceito de "emprego estável" está desaparecendo. Trabalhos manuais e tarefas repetitivas estão sendo substituídos por robôs e algoritmos. Tudo se torna obsoleto mais rápido. Atualmente,

---

[8] IFILL, G. The 1992 Campaign; Clinton's Standard Campaign Speech: A Call for Responsibility. **The New York Times**, 26 abr. 1992. Disponível em: https://www.nytimes.com/1992/04/26/us/the-1992-campaign-clinton-s-standard-campaign-speech-a-call-for-responsibility.html Acesso em: maio 2021.

a meia-vida de uma competência é de cinco anos.[9] Ou seja, o conhecimento que aprendemos em 2021 perderá a metade da sua importância em 2026. Aprender novas habilidades se tornou inevitável. E isso pode ser uma tremenda oportunidade para você – falaremos disso adiante.

Suponha que você seja um motorista de caminhão de 50 anos que acabou de perder o emprego para um caminhão autônomo, um veículo que dirige sozinho. Como um motorista de caminhão de 50 anos se reinventa profissionalmente? O exemplo não é alegórico: a Daimler, empresa controlada pela Mercedes-Benz e pela Freightliner Trucks, testa seu caminhão automatizado desde 2014. A UPS, uma das maiores empresas de logística do mundo, já faz entregas com caminhões autônomos nos Estados Unidos.[10]

Assim como milhares de motoristas de caminhão terão de aprender novas habilidades para continuar ativos, profissionais das mais variadas áreas precisarão fazer o mesmo, não apenas uma, mas repetidas vezes ao longo da vida. A revolução da automação não será o único divisor de águas do mercado de trabalho, que depois irá se restabelecer em um novo equilíbrio. Em vez disso,

---

9   PELSTER, B.; STEMPEL, J.; VYVER, B. v. d. Careers and learning: Real time, all the time. **Deloitte**, 28 fev. 2017. Disponível em: https://www2.deloitte.com/us/en/insights/focus/human-capital-trends/2017/learning-in-the-digital-age.html. Acesso em: maio 2021.

10 O'KANE, S. UPS has been quietly delivering cargo using self-driving trucks. **The Verge**, 15 ago. 2019. Disponível em: https://www.theverge.com/2019/8/15/20805994/ups-self-driving-trucks-autonomous-delivery-tusimple. Acesso em: maio 2021.

vamos viver uma cascata de transformações digitais cada vez maiores, pois a capacidade de as máquinas aprenderem (a tão chamada inteligência artificial) está longe de seu potencial total. Quem trabalha em bancos sabe que essa é uma realidade desde os anos 1990. E o mesmo já acontece em outras atividades.

Enquanto no passado o ser humano teve de lutar contra a exploração, no século XXI a luta verdadeiramente grande será contra a irrelevância. Segundo o historiador israelense Yuval Noah Harari – autor dos livros *Sapiens*[11] e *21 lições para o século 21*,[12] aqueles que falharem na luta contra a irrelevância se tornarão inúteis.[13] Harari é um dos analistas mais profundos de nosso tempo. Seus livros, best-sellers em vários países, tratam do desafio da humanidade diante do avanço digital. Entre seus seguidores estão empreendedores como Bill Gates, Mark Zuckerberg, Elon Musk e Richard Branson.

Com o avanço da inteligência artificial, Harari prevê que muitos profissionais não apenas ficarão desempregados como também não serão mais empregáveis. Muita gente já se deu conta desse movimento – 56% dos profissionais brasileiros acreditam que a inteligência artificial e a automação serão capazes de realizar os

---

11   HARARI, Y. N. **Sapiens**. São Paulo: L&PM, 2015.
12   HARARI. Y. N. **21 lições para o século 21**. São Paulo: Companhia das Letras, 2018.
13   HARARI, Y. N. The meaning of life in a world without work. **The Guardian,** 8 maio 2017. Disponível em: https://www.theguardian.com/technology/2017/may/08/virtual-reality-religion-robots-sapiens-book. Acesso em: maio 2021.

seus trabalhos nos próximos cinco anos.[14] Os dados fazem parte de um estudo realizado em 2019 com 30 milhões de pessoas em diversos países do mundo. O levantamento ouviu mil brasileiros que trabalham em tempo integral e têm mais de 18 anos.

O mesmo estudo, no entanto, aponta que os velhos empregos desaparecerão, novos empregos surgirão, mas então esses novos empregos vão mudar. Esse é um fluxo natural da evolução tecnológica. O surgimento da máquina de escrever projetou a carreira dos datilógrafos. Surgiram, então, o computador pessoal e os softwares de edição de texto, aposentando os datilógrafos. Agora, a inteligência artificial está criando novas oportunidades, como traduzir simultaneamente para diferentes idiomas uma mesma mensagem. Com isso, tradutores de textos corporativos tendem a ser aposentados.

Uma grande parcela da população sequer tem ideia do que está acontecendo. E é aí que mora o perigo, pois o tempo está acelerando. Ainda segundo Harari, levamos séculos, até milhares de anos, para colher os frutos das decisões tomadas por nossos antepassados, por exemplo o cultivo do trigo que levou à revolução agrícola. Ele diz também que o longo prazo pode não ser mais definido em séculos ou milênios – mas em termos de vinte anos.

---

14 GLOBAL Skills Gap Report – 2019/2020 **Udemy**. Disponível em: https://research.udemy.com/research_report/2019-2020-global-skills-gap-report/. Acesso em: maio 2021.

CAPÍTULO 1

==É a primeira vez na história que não temos ideia de como será a sociedade humana em algumas décadas. Ninguém sabe como o mundo será em vinte ou trinta anos.== Quais empresas vão nascer e quais vão morrer? Como será o mercado de trabalho, de quais habilidades você vai precisar? O fato é que, à medida que os computadores ficam mais poderosos, as empresas têm menos necessidade de alguns tipos de trabalhadores. Enquanto avança, o progresso tecnológico pode deixar algumas pessoas – talvez muitas – para trás.

Não é um bom momento para saber apenas o comum. Computadores e robôs estão aprendendo muitas habilidades básicas em ritmo extraordinário. Por outro lado, nunca houve um momento melhor para ser um trabalhador com habilidades específicas, como ser criativo, superadaptável, capaz de aprender ao longo da vida e também de ensinar os outros. Pessoas com essas características podem criar e adquirir muito valor se souberem como ganhar dinheiro com o que sabem fazer bem.

Ainda falamos em Era do Conhecimento, mas a realidade é que o mundo está se movendo para além dela. O conhecimento foi "comoditizado", ou seja, está disponível no Google para todos com acesso à internet. Não há mais vantagem competitiva em simplesmente saber mais do que as outras pessoas porque está tudo disponível no Google. Vivemos em um mundo em que as pessoas se perguntam qual será o próximo passo e buscam desesperadamente por recomendações, tutoriais e informações práticas e úteis para solucionar seus dilemas. O que importa ao mundo não é o quanto você sabe, mas o que você pode fazer com isso. Ou seja, voltamos à pergunta: será que você poderia estar ganhando dinheiro ensinando na internet o que mais sabe e gosta de fazer?

A vez da Economia da Paixão

Se, por um lado, a tecnologia acelera as mudanças no mercado de trabalho, por outro permite que mais gente ganhe dinheiro vendendo o conteúdo que produz e suas habilidades. Pode ser uma aula de violão, um método para entrar em forma física ou para ganhar dinheiro com ações. Esse movimento que já vinha acontecendo havia alguns anos foi acelerado pela pandemia do novo coronavírus. Com ela, milhões de pessoas no mundo todo ficaram sem emprego. A saída que muitos encontraram foi oferecer seus serviços e habilidades na internet.

A essa nova forma das pessoas ganharem dinheiro vendendo suas habilidades, o jornalista estadunidense Adam Davidson deu o nome de Economia da Paixão.[15] Essa ideia nasceu dos esforços de Davidson para explicar, em seus artigos publicados na revista *The*

---

15   ADAM Davidson – Contribuitor. **The New Yorker**. Disponível em: https://www.newyorker.com/contributors/adam-davidson. Acesso em: maio 2021.

New Yorker, conceitos técnicos e econômicos para o grande público, fornecendo conhecimentos fáceis de entender e bem-humorados. Por mais de dez anos, ele coletou histórias de sucesso de pessoas que transformaram suas vidas fazendo mudanças simples com base em suas paixões. Davidson, então, combinou suas pesquisas com estudos acadêmicos mais recentes e publicou, em 2020, o livro *The Passion Economy: The New Rules for Thriving in the Twenty-First Century*,[16] que se tornou um sucesso.

Davidson mostra que o que a sociedade considera trabalho mudou radicalmente, sobretudo nos últimos dez anos. A ascensão de empresas como Uber, Fiverr e iFood permitiu que as pessoas ganhassem dinheiro dedicando o próprio tempo a serviços como transporte, design gráfico e entrega de comida. Esses mercados deram a milhares de pessoas a oportunidade de trabalhar por conta própria. O problema é que, frequentemente, as atividades realizadas dessa forma exigem que os trabalhadores cumpram longas jornadas, sete dias por semana, para obter uma remuneração que lhes garanta sustento. Como consequência, os trabalhadores começaram a se organizar para reivindicar condições mais justas de trabalho.

Esses aplicativos e plataformas, segundo Davidson, criaram a falsa sensação de que as pessoas poderiam ser "os próprios patrões", quando, na realidade, eram apenas freelancers trocando

---

16 DAVIDSON. A. **The Passion Economy:** The New Rules for Thriving in the Twenty-First Century. New York: Alfred A. Knopf, 2020.

tempo por dinheiro. Como efeito, as críticas dos profissionais por excesso de deveres, ausência de direitos trabalhistas, assédio e falta de assistência médica, jurídica e financeira cresceram. E, como reação a isso, muitos trabalhadores organizaram greves relâmpago para brigar por melhores condições de trabalho.[17] Como resposta, Uber, Fiverr, iFood e empresas com modelos de negócios similares têm evoluído em suas políticas de trabalho para manter os profissionais em suas plataformas. Afinal, sem eles, esses negócios desapareceriam.

Ao mesmo tempo, foram criadas novas plataformas digitais que permitem aos usuários ganhar dinheiro com habilidades e personalidade individuais. Essas ferramentas oferecem aos usuários suporte para que possam crescer como empreendedores e ferramentas digitais para que possam fazer a gestão do seu negócio. Um exemplo é a HeroSpark, plataforma fundada em 2019 a partir da união da Eadbox e da Edools, criadas por nós.[18]

À medida que mais gente adere a essa nova era, muitos outros trabalhadores começam a refletir sobre a forma como ganham dinheiro. A jornada de trabalho das 8 às 18 horas fica cada dia mais

---

17   DOLCE, J. O lado sombrio do trabalho para aplicativos - e como é pior para mulheres. **Exame**, 1 jun. 2019. Disponível em: https://exame.com/carreira/o-lado-sombrio-do-trabalho-para-aplicativos-e-como-e-pior-para-mulheres/. Acesso em: maio. 2021.

18   VIANA, J. Startups brasileiras de educação se juntam para ajudar empreendedores a lançar cursos online. **Revista PEGN – Globo**, 5 jun. 2019. Disponível em: https://revistapegn.globo.com/Educacao/noticia/2019/06/startups-brasileiras-de-educacao-se-juntam-para-ajudar-empreendedores-lancar-cursos-online.html. Acesso em: maio. 2021.

obsoleta. As pessoas querem flexibilidade, liberdade e propósito em seu emprego. Mais importante ainda: querem fazer algo pelo qual são apaixonadas. Para Adam Davidson, em seu livro *A economia da paixão*,[19] "cada vez mais os limites entre hobbies, trabalho, carreira e marcas pessoais estão se confundindo". A Economia da Paixão pode atender a todas essas necessidades e, nesse sentido, é o futuro do trabalho.

Participar dessa nova economia está ao alcance de todos. Tudo o que você precisa é de uma habilidade pela qual seja apaixonado e a motivação para compartilhá-la com o mundo. Além disso, você deve encontrar um nicho específico. Para ter sucesso nessa economia, você não precisa ser uma celebridade com milhões de seguidores. O que precisa é de um nicho altamente engajado de pessoas para as quais fornecerá um serviço. Se você é a única pessoa que pode ajudar esse seleto grupo, então sempre terá uma base de clientes ativa.

Ao combinar sua paixão com o seu cliente ideal, você ficará surpreso com o quão lucrativo pode ser o filão que você conquistou na Economia da Paixão.

O primeiro passo para lançar o seu conhecimento para o mundo e ser bem-sucedido nessa nova economia é decidir qual

---

[19] DAVIDSON, A. **A economia da paixão.** Rio de Janeiro: Rocco, 2020.

rumo seguir. Você pode se posicionar junto aos heróis, que são as pessoas que estão na vanguarda desse movimento – e nós vamos mostrar a você como fazer isso. Um exemplo de heroína é Nathalia Arcuri, que transformou a sua curiosidade pelo tema finanças em um negócio que impacta mensalmente, por meio de seus canais na internet, mais de 20 milhões de pessoas.

Jornalista de formação, ela buscava informações sobre finanças pessoais e logo percebeu que as instruções eram escassas ou muito complicadas. Como trabalhava em um canal de televisão como repórter, sugeriu ao seu editor que criasse um programa que ensinasse as pessoas a saírem do vermelho. A ideia foi rejeitada. Nathalia pediu demissão e criou o blog *Me Poupe!*. O objetivo do blog era falar de economia de maneira didática. Do blog para um canal no YouTube foi um passo, e, com essa mesma fórmula, o número de inscritos no canal *Me Poupe!* passou de 35 mil em 2015 para 300 mil em apenas um ano. No fim de 2020 eram 5,5 milhões só no YouTube.[20] A trajetória de Nathalia é um caso muito bem-sucedido, mas existem centenas de trajetórias similares. Vamos apresentar algumas delas que apoiamos e vimos crescer mais adiante.

A segunda opção é se posicionar como um seguidor. Você vai viver os próximos anos adaptando-se às mudanças da economia e do mercado de trabalho. Muito provavelmente será um consumidor da

---

20 ELAS dão o recado. E todos ganham. **IstoÉ Dinheiro**. Disponível em: https://www.istoedinheiro.com.br/elas-dao-o-recado-e-todos-ganham/. Acesso em: 14 jun. 2021.

paixão de outras pessoas. Não escolher entre essas duas opções (herói ou seguidor) significa optar por ficar fora do mercado de trabalho. Retomando o historiador e autor Harari, esse grupo poderá acabar sendo alimentado por um sistema de renda básica universal, como se houvesse, por exemplo, um programa global de seguro-desemprego financiado pela Organização das Nações Unidas.

Escrevemos este livro para você que quer ser herói ou heroína. Se você é um seguidor, estude, atualize-se e em pouco tempo estará pronto para assumir o papel de herói. Se você não deseja seguir essa jornada, pode parar por aqui, não perca seu tempo. Se está satisfeito com o seu lugar no mundo e acredita que tudo vai permanecer como está, recomendo que pare de ler também. Este livro é para quem quer estar na vanguarda da revolução que está apenas começando. E então, qual caminho você quer seguir?

O QUE VOCÊ PRECISA GUARDAR DESTE CAPÍTULO

- Antigamente, seguir as regras (concluir os estudos, fazer um estágio e entrar em uma boa empresa) e trabalhar duro era garantia de ter uma vida confortável. Esse tempo acabou.
- A globalização, as novas tecnologias e o desmonte das antigas estruturas de trabalho tornaram aprender novas habilidades inevitável. E isso pode ser uma tremenda oportunidade para você – que pode empreender on-line, compartilhando o que conhece e sabe fazer bem.
- A oportunidade está no fato de as pessoas estarem constantemente se perguntando: o que preciso para dar o próximo passo? Isso faz com que busquem recomendações, tutoriais e informações práticas e úteis para solucionar os próprios dilemas de carreira e vida. Ou seja, está aí a sua chance de curso on-line. O jornalista estadunidense Adam Davidson deu o nome de Economia da Paixão a essa nova forma de pessoas, como você, ganharem dinheiro vendendo suas habilidades.
- Você pode se posicionar junto aos heróis, os protagonistas dos cursos on-line, que são as pessoas que estão na vanguarda do movimento. A segunda opção é se posicionar como um seguidor.
- Não escolher entre essas opções (herói ou seguidor) significa optar por ficar fora do mercado de trabalho.
- Vamos perguntar novamente: será que você poderia estar ganhando dinheiro ensinando na internet o que mais sabe e gosta de fazer?

CAPÍTULO 2
Qual é o seu custo de oportunidade?

Se você ainda está em dúvida sobre embarcar ou não nessa jornada, saiba que é normal. A mudança nunca parece tão natural ou fácil. Pense nas resoluções de Ano-Novo que raramente cumprimos. Especialmente aquelas que visam comportamentos saudáveis, como perder peso, comer melhor e praticar mais exercícios. Nós as repelimos naturalmente porque queremos nos manter na zona de conforto. Quando o assunto são mudanças tectônicas como as que estamos falando, pois elas alteram a ordem do mundo como o conhecemos, mudar de hábito (ou de vida) parece ainda mais difícil. A normalidade é segura, pois não provoca medo.

Por outro lado, conviver com a ideia de que você tem um talento que pode estar sendo desperdiçado é uma tortura. Se é esse o seu caso, mudar significa poder descobrir o seu verdadeiro talento – ou, caso você já saiba qual é a sua vocação, mudar significa ganhar dinheiro fazendo o que gosta e faz melhor. Se você tem a sensação de que, diariamente, coloca suas horas em atividades sem sentido, o seu custo de oportunidade é altíssimo. Mesmo que esteja satisfeito com o que faz, há um **custo de oportunidade** diante do contexto do mundo. Se você não está familiarizado com esse conceito, melhor fazer uma pausa para entrarmos no assunto. Ele é crucial para a sua decisão de embarcar na jornada da Lógica do Herói, como chamamos. Logo mais vamos explicar que método é esse, mas, por enquanto, você só precisa saber que se trata de um caminho acessível para que deixe de ser um expert oculto e consiga impactar milhões de pessoas com o conhecimento que possui.

Voltando ao conceito de custo de oportunidade, ele representa os benefícios potenciais que você perde ao escolher uma alternativa em vez de outra. A ideia é um conceito importante em economia. Como, por definição, ele não é visível, o custo de oportunidade pode ser facilmente negligenciado se não tomarmos cuidado. ==Compreender as oportunidades perdidas ao escolher uma coisa em vez de outra permite uma melhor tomada de decisão.== Por exemplo, o custo de oportunidade em adquirir um carro é desistir de dar entrada em um apartamento. Da mesma forma, o custo de oportunidade de seguir uma carreira tradicional é deixar de construir a própria marca.

Em nosso sistema educacional não somos preparados para realizar escolhas importantes. Por outro lado, pode-se dizer que, desde o ensino médio, tomamos decisões que impactam o nosso destino. A primeira grande escolha se dá ainda na adolescência, quando se define a carreira que desejamos seguir. Esse passo é dado comumente analisando apenas os gostos pessoais, sem considerar outros fatores, como o custo de oportunidade. Com efeito, é comum encontrar amigos e parentes que se arrependem e, no meio do caminho ou após concluir o curso escolhido, decidem trocar de área. Curiosamente, esse é um dos melhores momentos para iniciar uma nova jornada.

Escolher mudar de carreira é uma grande decisão. Antes de decidir se deve ou não fazer a mudança, você precisa avaliar aspectos importantes. Por isso, é fundamental que considere o custo de oportunidade de cada aspecto da mudança que estamos propondo: de profissional para empreendedor digital ou de empreendedor analógico para o modelo on-line. Isso envolve pensar sobre as alternativas que devem ser abandonadas para seguir na jornada do herói. Considere os benefícios de que você pode desfrutar ao seguir cada caminho para optar pelo que é melhor para você a longo prazo. Os principais componentes a serem considerados ao pesar os custos de oportunidade são tempo, esforço, dinheiro e felicidade.

Salário *versus* custos educacionais

O custo de oportunidade relativo ao esforço de treinamento para o novo empreendimento que estamos propondo envolve pesar o seu salário atual, ou o que você ganharia em seu futuro emprego, com a perda de renda para iniciar uma jornada como empreendedor no mundo digital. No momento, essa perda tende a zero, dado que você pode aprender os passos da Lógica do Herói, as habilidades que precisam ser adquiridas e dominadas para que você seja bem-sucedido na sua jornada, com este mesmo livro que está em suas mãos. Portanto, ==o seu sucesso depende única e exclusivamente de você.== O esforço e tempo que vai alocar para treinar cada uma das habilidades que mostraremos a seguir será determinante para o seu sucesso futuro.

Avaliação da estabilidade no trabalho

Se você atualmente tem um emprego estável, pode se perguntar se é uma decisão sábia desistir dele para começar um negócio próprio. Nossa proposta não é para que abandone da noite para o dia o seu trabalho. Nossa proposta é que comece a estruturar o seu projeto empreendedor. Isso vai requerer estudo, dedicação e esforço para começar a organizar os passos que vão fazer com que você seja dono do seu negócio on-line. Essa jornada pode ser conciliável com a atividade que desempenha hoje. À medida que o seu novo empreendimento decolar, você vai se deparar com o desafio de escolher entre manter sua vida como está e partir para a jornada como empreendedor on-line. Nós acreditamos fortemente na proposta que estamos lhe fazendo. Como já dissemos, nossa crença vem dos fatos, pois já ajudamos mais de 10 mil pessoas a fazerem os próprios projetos decolarem na internet.

O custo de oportunidade relativo à estabilidade no emprego envolve a avaliação do benefício de se ter um trabalho estável *versus* o potencial de você escalar conhecimento usando a internet.

Nossa crença é de que o que você conhece pode ganhar escala e impactar milhões de pessoas se decidir deixar de ser um expert oculto, que entrega a sua experiência e conhecimentos no trabalho, e seguir a Lógica do Herói.

Se você não está familiarizado com o conceito de escala, ele se popularizou nos últimos tempos com as startups, que são as novas empresas de base digital. Dois livros que tratam muito bem dessa ideia são *Organizações exponenciais*[21] e *BOLD: oportunidades exponenciais.*[22]

Em linhas gerais, escalabilidade é um termo que define que um negócio pode multiplicar sua receita sem precisar aumentar seus custos na mesma proporção. Em outras palavras, podemos dizer que um negócio escalável é aquele que tem um potencial de crescimento muito forte e pode até ser internacionalizado, sem necessidade de maiores investimentos. Criar negócios rentáveis com essas características é o sonho de todo empreendedor porque eles trazem muitas vantagens, entre as quais maiores lucros com o esforço proporcional às metas de crescimento que você definir.

Um exemplo de negócio escalável são os cursos on-line. É um empreendimento ideal para profissionais que não têm conhecimento em programação nem muito dinheiro para investir, mas possuem um conhecimento específico que pode ter grande valia para uma infinidade de pessoas. Vender cursos a distância tem muitas vantagens: é escalável, os custos de produção são

---

21 ISMAIL, I.; MALONE, M. S.; Geest, Y. V. **Organizações exponenciais**. Rio de Janeiro: Editora Alta Books, 2019.
22 DIAMANDIS, P. H.; KOTLER, S. **BOLD**: oportunidades exponenciais. Rio de Janeiro: Alta Books, 2018.

relativamente baixos, a distribuição pode ficar por conta de uma plataforma especializada, é possível automatizar a venda e os temas podem ser infinitos. O limite é a própria criatividade e, ainda assim, por que as pessoas não produzem conteúdos relevantes na internet? Certamente porque não avaliaram bem o custo de oportunidade.

Possibilidades de avanço na carreira

Se você já trabalha na mesma empresa há vários anos, pode estar mirando uma promoção. Pode ser difícil decidir se deseja seguir uma nova jornada, pois isso envolveria abrir mão de suas chances de subir na hierarquia da empresa atual. O custo de oportunidade associado ao avanço na carreira envolve pesar as perspectivas de você receber uma promoção em sua empresa atual com a probabilidade de avançar na jornada digital do herói. Acreditamos que as oportunidades no mercado de ensino a distância são enormes e crescentes, pelos motivos e números que já apresentamos.

Brendon Burchard, fundador da Experts Academy e autor de livros que estão frequentemente na lista de mais vendidos do *The New York Times* e do *Wall Street Journal*, pesquisa há anos como especialistas anônimos podem alcançar sucesso financeiro enquanto compartilham o que sabem. Seus argumentos ajudam a iluminar as oportunidades que estão diante de você e contribuem para sua tomada de decisão. Segundo Burchard, vivemos em uma economia volátil na qual pessoas se perguntam qual será o próximo passo e buscam desesperadamente recomendações, tutoriais, mentorias e estratégias eficientes para vencer desafios do dia a dia.

Além disso, diz ele, nosso sistema de ensino, tanto o público como o privado, criou uma lacuna entre teoria e prática, de maneira que o compartilhamento de conhecimento prático tem valor enorme para as pessoas, já que teorias passadas nem sempre dão conta de propor soluções para os problemas do presente. Quanto mais gente contribuir com conteúdo simples e prático, mais o conhecimento será utilizado por outras pessoas para criar novos conteúdos, produtos ou serviços. Por fim, Burchard diz que você está neste mundo para um propósito e que o melhor modo de cumprir sua missão é usar o seu conhecimento para ajudar outras pessoas a obterem êxito.[23]

Um bom mentor ou especialista não é a melhor pessoa do mundo sobre determinado assunto. É o indivíduo mais bem preparado sobre o tema naquela localidade, grupo de pessoas ou região.

---

[23] Os pensamentos e as teorias de Brendon Burchard estão expressos em dois de seus livros mais vendidos ao redor do mundo, *O mensageiro milionário* (Novas Ideias, 2012) e *O poder da alta performance* (Objetiva, 2018).

Um exemplo pode ajudar a clarear essa ideia. Vamos supor que você queira tirar o seu dinheiro da poupança e começar a investir. Você poderia buscar as lições de Warren Buffett[24] e adotá-lo como mentor. No entanto, seria mais produtivo aprender com um tio, amigo próximo ou professor que já deu os primeiros passos e seja reconhecido como um entendido em finanças. Afinal, você teria a oportunidade de tirar suas dúvidas e até de fazer os mesmos investimentos, caso achasse interessante.

A ideia de aprender com alguém próximo é tão poderosa que pesquisadores do Instituto de Tecnologia de Massachusetts, nos Estados Unidos, criaram, em 2007, a Peer 2 Peer University (P2PU),[25] uma rede de pessoas que atuam on-line, com habilidades e conhecimentos para transformar o aprendizado de temas relacionados ao ensino superior regular. É apenas mais um exemplo de como a oportunidade de tornar o seu conhecimento um negócio está batendo à porta.

Potencial de maior felicidade

Você pode estar considerando uma mudança de carreira porque não está feliz em sua posição atual. Se você se demitir de seu emprego

---

24 WARREN Buffett. In: **Wikipedia**. Disponível em: https://pt.wikipedia.org/wiki/Warren_Buffett. Acesso em: maio 2021.

25 Para saber mais sobre a instituição, acesse: https://www.p2pu.org/en/. Acesso em: maio 2021.

e seguir na jornada do herói, não há garantia de que será mais feliz. Na verdade, você pode gostar ainda menos da nova empreitada. O custo de oportunidade relacionado à felicidade envolve pesar o valor de permanecer em um emprego com o qual você não está feliz e o valor de seguir uma nova jornada da qual talvez não goste também.

De modo geral, você deve avaliar todas essas circunstâncias e ponderar se a somatória dos benefícios da nova jornada supera os prós da sua opção atual. O custo de oportunidade é subjetivo e a oportunidade definida para uma pessoa será diferente da de qualquer outra. Feita essa análise, você vai se deparar com duas questões comuns a todo empreendedor de primeira viagem. Primeiro: por onde começar? E, depois: como efetivamente ganhar dinheiro vendendo o seu conhecimento?

E é sobre isso que vamos falar nos próximos capítulos!

O QUE VOCÊ PRECISA GUARDAR DESTE CAPÍTULO

▶ Conviver com a ideia de que você tem um talento que pode estar sendo desperdiçado é uma tortura. Se é esse o seu caso, mudar significa descobrir o seu verdadeiro talento.
▶ Caso você já saiba qual é a sua vocação, mudar significa ganhar dinheiro fazendo o que gosta e faz melhor. A decisão de mudar exige coragem e uma boa análise de cenário e custo de oportunidade.
▶ O custo de oportunidade representa os benefícios potenciais que você perde ao escolher uma alternativa em vez de outra. Compreender as oportunidades perdidas ao fazer uma escolha permite uma melhor tomada de decisão.
▶ Os principais componentes a serem considerados ao pesar os custos de oportunidade são tempo, esforço, dinheiro e felicidade.
▶ Algumas perguntas para refletir:
  - Estou investindo meu tempo e minha energia na direção correta?
  - O que estou fazendo hoje se conecta com meu plano de empreender?
  - Minha visão empreendedora se conecta com o conceito de escala que vi neste capítulo?
  - Existe algum caminho empreendedor em que eu não me exponha a riscos desnecessários ou muito elevados para meu momento?

CAPÍTULO 3
O seu conhecimento vale muito, mas você sabe o quanto?

Somos mal informados quando o assunto é dinheiro. Não aprendemos na escola nem dentro de casa como transformar o que sabemos em remuneração ou dividendos. Logo, é muito provável que você nunca tenha se saído bem negociando o seu valor de mercado. Cerca de 45% dos profissionais com idade entre 18 e 34 anos dizem receber menos do que acham que merecem. Na faixa entre 35 e 54 anos, esse percentual sobe para 51%.[26] Há anos a Câmara dos Deputados discute um Projeto de Lei que torna obrigatória a inclusão da educação financeira como tema transversal dos currículos do ensino infantil, fundamental e médio.[27] Essa ideia não saiu do papel até agora.

==Embora a faculdade ensine muitas habilidades valiosas, nosso currículo, mais acadêmico e menos prático, não aprofunda muitos aspectos necessários para o sucesso e a prosperidade na vida adulta, como responsabilidades financeiras, investimentos e como pensar logicamente.== Não somos ensinados a trabalhar por conta própria nem a empreender. Para quem quer abrir o próprio negócio, saber montar a estrutura da empresa, gerenciar as finanças, pagar impostos e reinvestir no empreendimento é crucial e pode significar a diferença entre o fracasso e o sucesso.

---

[26] GUIA Salarial 2021: Remuneração e Tendências de Recrutamento. **Robert Half**. Disponível em: https://www.roberthalf.com.br/guia-salarial. Acesso em: maio 2021.

[27] Você pode acessar o Projeto de Lei em: https://www.camara.leg.br/propostas-legislativas/2254589#:~:text=Altera%20a%20Lei%20n%C2%B0,transversais%20obrigat%C3%B3rios%20da%20educa%C3%A7%C3%A3o%20b%C3%A1sica. Acesso em: maio 2021.

Uma pesquisa realizada pelo Sebrae e pela Endeavor,[28] duas entidades de fomento ao empreendedorismo, identificou as lacunas que existem ainda hoje no ensino universitário quando o assunto é educação para criar o próprio empreendimento. O estudo *Empreendedorismo nas Universidades Brasileiras* contou com a participação de 2.230 alunos e 680 professores pertencentes a mais de setenta instituições de ensino superior de todas as regiões do país. Segundo as universidades, 54% delas oferecem alguma disciplina relacionada a empreendedorismo. No entanto, de acordo com os professores e alunos, são disciplinas que têm um viés de sensibilização apenas. Ainda, segundo a pesquisa, os programas que proporcionam maior visão e viés inovadores, como criação de novos negócios, gestão de pequenos negócios, franquias e inovação e tecnologia, estão presentes em somente 6% das instituições.

Essas lacunas na formação – educação financeira e educação para empreender – geram consequências ao longo da vida, seja para o profissional, seja para o aspirante a empreendedor. Quando o assunto é empreender, as maiores dificuldades são, segundo os próprios profissionais:[29]

---

28 RIBEIRO, I. Os desafios do jovem universitário brasileiro para empreender. **Sebrae**, 14 dez. 2017. Disponível em: https://www.sebrae.com.br/sites/PortalSebrae/artigos/os-desafios-do-jovem-universitario-brasileiro-para-empreender,633c06ecf2650610VgnVCM1000004c00210aRCRD. Acesso em: maio 2021.

29 FONSECA, M. Os 13 maiores desafios de quem começa a empreender. **Exame**, 28 ago. 2017. Disponível em: https://exame.com/pme/os-13-maiores-desafios-de-quem-comeca-a-empreender/. Acesso em: maio. 2021.

- ▶ Abandonar de vez a vida de funcionário, tendo calculado a reserva financeira para o início do empreendimento;
- ▶ Estimar os fluxos de caixa como dono do próprio negócio;
- ▶ Calcular custos antes de abrir a empresa;
- ▶ Saber quando deixar de planejar e partir para a ação;
- ▶ Defender o diferencial do seu produto.

Sabendo disso, e considerando o seu objetivo de virar dono do próprio empreendimento no digital, vale a pena investir em uma formação em negócios. Não precisa ser um curso longo. Você encontra muito material gratuito na internet, mas há cursos de boa qualidade como o Empretec,[30] o principal programa de formação de empreendedores no mundo que, no Brasil, é oferecido exclusivamente pelo Sebrae.

Saia da sua zona de conforto

De acordo com os psicólogos estadunidenses John D. Dodson e Robert M. Yerkes, a zona de conforto é um estado no qual o profissional mantém um nível constante de desempenho. Em outras palavras, é um ambiente seguro e sem mudanças. Sair desse espaço pode trazer ansiedade, mas também pode causar uma série de vantagens, como a tão sonhada independência financeira, ter uma vida com propósito e realizar os sonhos. Mas como fazer isso?

---

30 Para conhecer mais sobre o curso, acesse: https://www.sebrae.com.br/sites/PortalSebrae/empretec. Acesso em: maio 2021.

Uma das maneiras de tornar-se mais confiante e pronto para sair da sua zona de conforto é entender os riscos e benefícios que envolvem a mudança. Muitas vezes só pensamos nas desvantagens trazidas pela instabilidade, mas, além de listar os prejuízos, é essencial ressaltar as vantagens conquistadas com a transformação. Entender os prós e os contras ajuda na tomada de decisão e vai deixar você muito mais confiante e seguro de si e de suas escolhas. ==Acredite: para se ter uma vida com propósito e realizar os seus sonhos, é fundamental abrir mão da zona de conforto e arriscar-se.==

Depois de verificar todos os riscos e todas as vantagens e perceber como é necessário mudar para conquistar seus sonhos, é importante colocar o plano em ação e buscar a transformação de vida que sempre sonhou. E nós estamos aqui para ajudá-lo nisso. Vamos mostrar o caminho para que você deixe de ser um expert oculto e consiga impactar milhões de pessoas com o conhecimento que possui. Avançar, no entanto, é contigo e, para isso, é preciso confiar no seu taco. Ao topar o risco, você abre espaço para muitas realizações e conquistas que só serão possíveis caso saia da zona de conforto e enfrente todos os seus medos e suas inseguranças!

Já falamos sobre como a tecnologia e as novas possibilidades de vida e trabalho estão provocando abalos sísmicos na economia e na sociedade. É inevitável que a maneira como você vive e trabalha hoje seja alterada, quer você queira, quer não. Então por que somos repelidos pelo pensamento de mudança? Parte da resposta a essa pergunta se deve ao medo de fracassar. Ninguém gosta de errar. Errar é ruim, é chato, machuca, dói. Mas no meio disso tudo há lições valiosas. ==Um erro, depois de lapidado, exibe o código de acesso ao próximo nível.== Erros devem ser encarados como parte do processo de aprendizado.

No mundo das startups, é muito comum ouvir os empreendedores usarem a expressão *fail fast* – ou "fracasse rápido", na tradução literal para o português. O conceito *fail fast* é defendido por Eric Ries em seu livro *A startup enxuta*, e vem sendo aplicado em diversos ramos da economia.[31] Um dos objetivos mais importantes do *fail fast* é evitar o que conhecemos como Efeito do Custo Irrecuperável[32] (*sunk cost*), teoria que aborda as consequências da tendência humana a evitar o fracasso. A filosofia do *fail fast* busca desmistificar o conceito de fracasso ao dar a ele a conotação de aprendizado, enfatizando que o conhecimento adquirido em uma tentativa frustrada aumenta consideravelmente a probabilidade de sucesso em um projeto futuro.

Ninguém atinge grandes objetivos acertando todas as vezes. O mundo está cheio de bons exemplos para ilustrar essa ideia. Um deles é

---

[31] O conceito é apresentado por Eric Ries no livro *A startup enxuta* (Sextante, 2019). O livro é dividido em três partes: Visão, Direção e Aceleração. Na primeira parte, Visão, Ries defende uma nova disciplina de gestão para empreendedores. É nessa seção, também, que ele apresenta o *framework* de Lean Startup e a ideia de *fail fast*.

[32] REIS, T. Sunk Cost: entenda o que significa um custo irrecuperável. **Suno**, 21 mar. 2019. Disponível em: https://www.suno.com.br/artigos/sunk-cost/#:~:text=O%20sunk%20cost%20e%20a%20avers%C3%A3o%20%C3%A0s%20perdas%20financeiras&text=Por%20exemplo%2C%20muitos%20administradores%20t%C3%AAm,ou%20fal%C3%A1cia%20de%20sunk%20cost. Acesso em: maio 2021.

Michael Jordan, um dos maiores jogadores de basquete de todos os tempos (e hoje uma das marcas mais valiosas do mundo). Jordan se tornou um dos atletas mais admirados graças, também, às falhas. Em uma de suas frases mais famosas sobre a contribuição dos erros para a sua carreira, Jordan disse: "Errei mais de 9 mil cestas e perdi quase trezentos jogos. Em 26 finais de diferentes partidas fui encarregado de jogar a bola que venceria o jogo... e falhei. Eu tenho uma história repleta de falhas e fracassos em minha vida. E é exatamente por isso que sou um sucesso".[33]

Os erros de Jordan serviram de combustível para que ele treinasse com mais garra, sempre aprendendo a melhorar. Sentir-se inseguro diante de situações novas é normal e tem até um lado bom. O medo de errar ajuda a conter a impulsividade e nos faz agir com mais cuidado e discernimento. ==A insegurança passa a não ser saudável quando, por medo de errar, você deixa de agir.== Na maioria dos casos, como lembra Ries no livro *A startup enxuta*, basta reconhecer a falha e aprender com ela para não cair novamente no mesmo equívoco. Ao encarar a vida dessa forma, você se permite explorar novas fronteiras e pode se surpreender com o retorno de iniciativas que nem sequer julgava capaz de realizar.

Outro motivo para evitarmos a mudança – e, portanto, para nos mantermos na zona de conforto – é a incerteza sobre o caminho à

---

[33] De acordo com os primeiros episódios do documentário *Arremesso final*, disponível na Netflix, que narra a notável carreira de Michael Jordan.

frente e as habilidades exigidas para vencer. No futebol feminino, a craque Marta Vieira da Silva precisou superar os próprios fantasmas para sair de sua cidade natal, Dois Riachos, em Alagoas, aos 14 anos, para se mudar para o Rio de Janeiro. Não fosse isso, ela jamais teria se tornado a maior jogadora de futebol brasileira e uma das mais talentosas na história do esporte no mundo. Anos depois de ter se consagrado nos gramados, pediram a ela que escrevesse uma carta para a menina que quase desistiu de encarar a viagem de ônibus de Alagoas até o Rio de Janeiro para fazer um teste para jogar pelo time feminino do Vasco da Gama (foi ali que ela começou sua bem-sucedida carreira).

Marta escreveu: "Não pense no quanto você está assustada... No quanto você está nervosa... No quanto todo mundo disse que você não podia fazer isso... Que você não deveria fazer isso... Não pense em nada disso... o futebol será a tua saída, o teu caminho para o sucesso, para a felicidade. Não tem sido fácil, mas, acredite em mim, as coisas vão mudar... Entre no ônibus".[34] Se Marta não tivesse vencido seus medos, teria estacionado a carreira no futebol antes de descobrir o próprio potencial e a verdadeira vocação. Marta foi eleita seis vezes pela FIFA como a melhor jogadora do mundo, tendo participado de cinco Copas do Mundo. É um orgulho nacional e inspirou centenas de outras jovens.

---

34 CARDIM, M. E. O que Marta diria a si mesma quando decidiu largar tudo pelo futebol? **Correio Braziliense**, 25 ago. 2017. Disponível em: https://blogs.correiobraziliense.com.br/elasnoataque/marta-escreve-carta-para-si-mesma-voce-e-uma-garota-e-pode-jogar-futebol/. Acesso em: maio 2021.

Compartilhe o que sabe e ganhe dinheiro com isso

A reflexão que queremos que faça é: já parou para pensar que você pode estar desperdiçando um talento? Você poderia responder: "Para, não tenho tempo para isso".

Uma desculpa conveniente. É a mesma desculpa que o impede de se exercitar regularmente, de ler livros ou de meditar. A sensação de falta de tempo é uma das grandes armadilhas da vida moderna. Em geral, nos abstemos de refletir e planejar coisas que queremos mudar em nossas vidas por falta de tempo. No entanto, não vemos os minutos e as horas passarem enquanto nos perdemos diante do celular nas redes sociais.

Há uma oportunidade de ouro à sua frente, se você se considera ambicioso e talentoso, é um ótimo momento para refletir se está desperdiçando talento e, por extensão, a sua vida. Muitas pessoas acabam desejando que não tivessem trabalhado tanto ou que tivessem realmente vivido uma vida fiel a si mesmas no leito de morte. Esses são dois dos cinco maiores arrependimentos de acordo com a escritora Bronnie Ware, autora do livro *The Top Five Regrets of the Dying*, que no Brasil foi lançado com o título *Antes de partir*.[35]

---

35 WARE, B. **Antes de partir**: os 5 principais arrependimentos que as pessoas têm antes de morrer. São Paulo: Geração Editorial, 2017.

CAPÍTULO 3

Ware é uma enfermeira australiana que passou vários anos trabalhando em cuidados paliativos, cuidando de pacientes em suas últimas doze semanas de vida. Ela registrou os últimos desejos deles em um blog que atraiu tanta atenção que Ware transformou seus posts em um livro. *The Top Five Regrets of the Dying* rapidamente se tornou um best-seller global, traduzido para mais de 27 idiomas. Temos a tendência de ser muito mais cuidadosos sobre como gastamos nosso dinheiro do que nosso tempo. Mas o tempo, ao contrário do dinheiro, não pode ser recuperado depois de gasto. E então, você está desperdiçando seu tempo e seu talento? É hora de refletir – e agir.

O tempo não está esgotado para você compartilhar o que sabe e fazer disso um negócio.

Como já dissemos, nosso objetivo é ensiná-lo a transformar o que sabe fazer bem em um empreendimento na internet – e a ganhar dinheiro com isso! Trabalhamos diariamente com empreendedores, pessoas comuns com um dom para determinada atividade, e que até bem pouco tempo tinham a sensação de estar desperdiçando talento em uma vida sem propósito. Hoje, reencontraram sua vocação e são donas do próprio tempo e do próprio dinheiro – e fazem isso ajudando outras pessoas a se desenvolver. Vamos mostrar nas próximas páginas o método definitivo para que você pare de perder tempo e lance o seu conhecimento para o mundo. Com disciplina e força de vontade, você vai fazer o seu projeto decolar.

O QUE VOCÊ PRECISA GUARDAR DESTE CAPÍTULO

▶ Na transição de profissional para empreendedor digital, uma das barreiras é avaliar o quanto vale o seu conhecimento.
▶ A escola e a universidade não oferecem uma boa formação quando o assunto é dinheiro. Por isso, não se aprende como transformar o que se sabe em remuneração ou dividendos.
▶ Como efeito dessa lacuna de formação, tem-se dificuldade, na vida adulta, em negociar o salário (ou o nosso valor profissional) e em avaliar quanto vale um conhecimento e uma experiência.
▶ Para mudar esse comportamento, a primeira coisa a fazer é sair da zona de conforto. Entenda os riscos e benefícios que envolvem a mudança. Muitas vezes, só pensamos nas desvantagens trazidas pela transição.
▶ O erro ao fracassar pode imobilizar. É importante entender que os erros devem ser encarados como parte do processo de aprendizado durante a fase de transição.
▶ A filosofia do *fail fast* desmistifica a ideia de fracassar ao enfatizar que o conhecimento adquirido de uma tentativa frustrada aumenta consideravelmente a probabilidade de sucesso em um projeto futuro. Tenha isso em mente.

CAPÍTULO 4
Do modelo analógico ao digital

CAPÍTULO 4   75

Se você chegou até aqui, certamente tem vontade de empreender. No entanto, até agora faltou oportunidade ou coragem para assumir esse seu lado que tem a ambição de construir o futuro por conta própria. As oportunidades estão dadas, nunca foi tão barato empreender e nunca houve tanto conhecimento, métodos e ferramentas disponíveis para mitigar o risco de começar o próprio negócio. Mas não é só isso que o impede de começar, não é mesmo? Neste capítulo, vamos tratar de dois assuntos que são essenciais para que você se torne um empreendedor digital.

Vamos começar falando sobre os vilões que o impedem de dar o primeiro passo. Trabalhamos em um treinamento de formação para pessoas que estão iniciando sua jornada empreendedora e nesse curso tratamos justamente dos principais inimigos que desencorajam quem tem o desejo de empreender. ==Os vilões são hábitos, comportamentos e até emoções que você precisa superar para seguir adiante e começar a jornada empreendedora.== É como se, para começar o próprio negócio on-line, você precisasse se despir de si mesmo – pelo menos da parte que atrapalha o seu avanço.

Depois de compreender o que você precisa fazer para superar os vilões que estão à sua volta, vamos mostrar o caminho que empreendedores digitais de sucesso trilharam. Constatamos, após apoiar e interagir com centenas deles, que há um conjunto claro e comum de fatores que contribuem para tornar-se um empreendedor bem-sucedido. Aqui, você vai compreender que precisa "vestir" alguns hábitos, comportamentos e atitudes que são essenciais para tornar sua jornada empreendedora mais fácil e mais propensa ao êxito.

Em resumo, neste capítulo imagine que você está diante de um espelho. O reflexo que vê agora mostra a imagem de uma pessoa que quer empreender, mas não tem certeza se possui a indumentária certa (competência, habilidade e atitude) para começar. O que nós vamos fazer é mudar o seu ponto de vista para mostrar que existem competências, habilidades e atitudes que você vai precisar vestir para seguir adiante. Depois disso, vai depender de você mudar a imagem que está refletida hoje no espelho. Despindo-se dos próprios vilões e incorporando os aspectos essenciais para empreender com sucesso, você tem tudo para dar certo.

Existem cinco vilões que detonam o ímpeto de qualquer aspirante a empreendedor. Esses vilões quase nos venceram também. No Brasil, oito a cada dez empreendedores individuais desaparecem do mercado antes de doze meses. Além disso, cerca de 60% das empresas fecham com menos de cinco anos de vida.[36] Óbvio que existem fatores externos relacionados à complexidade de empreender no Brasil, como a carga tributária, o tempo para se abrir uma empresa e

---

36 DEMOGRAFIA das Empresas: em 2018, taxa de sobrevivência das empresas foi de 84,1%. **Agência IBGE**, 22 out. 2020. Disponível em: https://agenciadenoticias.ibge.gov.br/agencia-sala-de-imprensa/2013-agencia-de-noticias/releases/29206-demografia-das-empresas-em-2018-taxa-de-sobrevivencia-das-empresas-foi-de-84-1#:~:text=Demografia%20das%20Empresas%3A%20em%202018,%25%20%7C%20Ag%C3%AAncia%20de%20Not%C3%ADcias%20%7C%20IBGE. Acesso em: maio 2021.

o custo da mão de obra, mas no dia a dia é a forma como você reage às externalidades que determinam se vai prosperar ou sucumbir.

O vilão perfeccionismo

Se você é perfeccionista, é provável que tenha aprendido cedo na vida que as outras pessoas o valorizam por causa de suas realizações ou conquistas. Como resultado, você pode ter aprendido a se valorizar apenas com base na aprovação de outras pessoas. Portanto, sua autoestima pode ser baseada principalmente em padrões externos. Isso pode deixá-lo vulnerável e excessivamente sensível às opiniões e críticas alheias. Ao tentar se proteger de tais críticas, você pode decidir que ser perfeito é sua única defesa. Nesse caso, em vez de simplesmente trabalhar para o sucesso, você está, na verdade, tentando ser perfeito.

O perfeccionismo tem a ver com um conjunto de pensamentos e comportamentos autodestrutivos com o objetivo de atingir metas irreais, excessivamente elevadas. O perfeccionismo é frequentemente visto erroneamente em nossa sociedade como desejável ou mesmo necessário para o sucesso. No entanto, estudos recentes mostraram que as atitudes perfeccionistas na verdade interferem no sucesso.[37] O desejo de ser perfeito pode tanto roubar a sensação de satisfação

---

[37] PERFECTIONISM. **Brown University**. Disponível em: https://www.brown.edu/campus-life/support/counseling-and-psychological-services/perfectionism. Acesso em: maio 2021.

pessoal quanto fazer com que você não consiga realizar tanto quanto as pessoas que têm esforços mais realistas.

Você já ouviu falar no Princípio de Pareto?[38] O Princípio de Pareto explica que 20% dos nossos esforços respondem por até 80% dos nossos resultados. A mensagem é que 20% de seus melhores esforços provavelmente resultarão em um trabalho aceitável e razoável – não em um resultado perfeito, mas muito acima do adequado. Os resultados adicionais, o que falta para 100%, são dezesseis vezes "mais caros" (isto é, demandam muito mais recursos, energia e até dinheiro).[39] Nem sempre funciona assim com precisão, mas todos sabemos que o esforço extra que colocamos para fazer algo "perfeito" raramente é rentável. Na real mesmo, o perfeito não existe, porque tudo sempre pode ser melhorado. Se você está em dúvida do seu nível de perfeccionismo, responda às perguntas a seguir:

- ▶ Você se sente mal ao entregar algo que considera "não acabado"?
- ▶ Ouve com frequência que é perfeccionista, que está sendo cuidadoso demais, que já está bom?
- ▶ Frequentemente atrasa entregas (mesmo que para você) por acreditar que ainda precisa melhorar o trabalho?

---

38 PRINCÍPIO de Pareto. In: Wikipedia. Disponível em: https://pt.wikipedia.org/wiki/Princ%C3%ADpio_de_Pareto. Acesso em: maio 2021.

39 DEALING with perfectionism. University of Dundee. Disponível em: https://www.dundee.ac.uk/student-services/counselling/self-help/perfectionism/#:~:text=Perfectionism%20is%20often%20mistakenly%20seen,people%20with%20more%20realistic%20goals. Acesso em: maio 2021.

Se respondeu sim para pelo menos duas delas, é um bom indicativo de que você está sendo perfeccionista. Nesse caso, vale investigar:

▶ Qual é o dano gerado por você ser perfeccionista? Investigue se, de fato, esse comportamento está atrapalhando seu progresso.

▶ Se sim, se você entende que existe dano, que está sendo prejudicado, é sinal de que esse é um vilão real e precisa ser eliminado.

Como eliminar esse comportamento que está tão enraizado na maneira como você conduz o trabalho? Bom, o melhor jeito é cortar o mal pela raiz. A técnica para eliminar esse vilão pode ser um pouco traumática se aplicada sem acompanhamento, mas o melhor é começar o quanto antes. Você simplesmente vai entregar a sua próxima atividade sem esperar "ficar totalmente pronta". Mas calma aí, ninguém está pedindo para você ser irresponsável. A dica é: antes de entregar, compartilhe sua entrega com um ou dois pares em quem confia para receber feedbacks. Só então, depois de fazer os ajustes, envie o trabalho. A ideia aqui é que seus colegas o ajudem a ter uma visão externa da qualidade do que está entregando, sem que você se foque no "trabalho perfeito".

Concluindo, o primeiro passo para transformar atitudes perfeccionistas em esforços saudáveis é perceber que o perfeccionismo é indesejável. A perfeição é uma ilusão inatingível. O próximo passo é desafiar os próprios pensamentos e comportamentos autodestrutivos que alimentam o perfeccionismo. ==A busca pela excelência é uma regra para qualquer negócio, mas é preciso dar um passo de cada vez,== avançando aos poucos e buscando melhoria contínua no trabalho.

O vilão procrastinação

Os perfeccionistas costumam ter problemas com procrastinação, prazos perdidos e autocrítica paralisante.[40] No entanto, a procrastinação não é um comportamento, mas uma questão emocional. Ela se origina da crença arraigada de que, se você não consegue fazer algo bem o suficiente, é melhor evitar totalmente a tarefa. Isso pode vir de um antigo chefe, um parceiro romântico, um professor ou até mesmo de seus pais durante a sua infância. Você pode nem perceber que está procrastinando.

O superpoder para superar a procrastinação se chama foco. Você precisa ter foco para conseguir terminar as tarefas que começa. Para isso, é preciso ter duas coisas em mente:

1. "O que é vitória para mim?" Por exemplo, se a sua meta é lançar o seu piloto de curso on-line em dois meses, essa deve ser a sua linha de chegada. Atingir essa meta significa vencer;
2. "Por que estou fazendo isso?" Ao se fazer essa pergunta constantemente, você vai se acostumar a descartar atividades e

---

40 PERFECTIONISM. **Brown University**. Disponível em: https://www.brown.edu/campus-life/support/counseling-and-psychological-services/perfectionism. Acesso em: maio 2021.

demandas que não estão relacionadas a seu objetivo, a sua vitória. Quando se deparar com atividades que não fazem sentido para o cumprimento da sua meta, delegue, negocie ou simplesmente não faça.

O mais importante é compreender que é preciso se organizar e evitar a procrastinação, pois ela consome os outros momentos da vida.

O vilão sobrecarga de informação

Na Era do Conhecimento, a informação é a nossa mercadoria mais valiosa, certo? Nem sempre. A informação hoje em dia está disponível em abundância quase infinita. Ela é entregue automaticamente em nossos dispositivos eletrônicos ou é acessível com apenas alguns cliques do mouse. Isso cria uma sobrecarga de informação que excede o necessário para tomar uma decisão. Como efeito, é comum ficarmos paralisados diante de informações paradoxais ou de difícil compreensão.

Estudos mostram que o crescente volume de informações disponíveis – e, em função delas, a interrupção do trabalho – pode prejudicar não apenas o bem-estar pessoal, mas também a tomada de decisões, a produtividade e até a inovação.[41] Em um estudo, por

---

41 OLIVEIRA, S. Banquete indigesto. **Uol Viva Bem,** 26 nov. 2020. Disponível em: https://www.uol.com.br/vivabem/reportagens-especiais/excesso-de-informacao-afeta-nossa-saude-como-lidar-melhor-com-isso/#cover. Acesso em: maio 2021.

exemplo, as pessoas levaram em média quase 25 minutos para retornarem a uma tarefa de trabalho após uma interrupção por e-mail.[42]

No entanto, há esperança. Ferramentas e técnicas inovadoras prometem alívio[43, 44] para aqueles que lutam com a inundação de informações. O primeiro passo, porém, é saber se a sobrecarga de informação é um vilão que afeta o seu progresso no dia a dia. Para fazer essa análise, responda a estas três perguntas:

- ▶ Frequentemente, você sente insegurança para iniciar algo por "não saber o bastante"?
- ▶ Você se pega investindo muito tempo para entender todos os mínimos detalhes de tudo o que precisa fazer?
- ▶ É comum você abandonar projetos ou iniciativas por não ter conseguido estudar tudo o que precisava?

Se respondeu sim para pelo menos duas delas, é um bom indicativo que você está sendo afetado pela sobrecarga de informação. Portanto, o mais correto a se fazer é investigar a extensão do dano. Avalie se de fato esse comportamento está atrapalhando seu progresso no dia a dia. Se sim, se você entende que existe dano, que está sendo prejudicado,

---

42 HEMP, P. Death by Information Overload. **Harvard Business Review**, set. 2019. Disponível em: https://hbr.org/2009/09/death-by-information-overload. Acesso em: maio 2021.

43 KOS, B. The Ultimate List: 58 Time Management Techniques & Our Top 10 Picks (with mindmap). **Spica**, 17 ago. 2020. Disponível em: https://www.spica.com/blog/time-management-techniques. Acesso em: maio 2021.

44 HOW to Fight an Infodemic: The Four Pillars of Infodemic Management. Compass, 21 jul. 2020. Disponível em: https://www.thecompassforsbc.org/sbcc-tools/how-fight-infodemic-four-pillars-infodemic-management. Acesso em: maio 2021.

é sinal de que esse é um vilão real e precisa ser eliminado. Um dos superpoderes que vamos usar para eliminá-lo se chama desapego.

Você vai precisar exercitar a arte de começar a fazer as coisas mesmo sem ter toda a informação de que precisa. Pense da seguinte forma: se você tivesse de comer um elefante, você tentaria fazer isso de uma vez só? A resposta é não! Você provavelmente cortaria pedacinho por pedacinho, congelaria algumas partes e iria degustando ao longo do tempo. O exemplo é bizarro, mas a ideia é que, em um mundo com quantidades mastodônticas de informação, o segredo é ir por partes e não deixar que tudo caia sobre você de uma só vez.

O vilão terceirização da culpa

Terceirizar a culpa significa responsabilizar outra pessoa por um ato que provocou prejuízo. Ter um "vilão" como esse é o jeito mais comum de simplesmente esquecer que temos problemas. Projetamos tudo nesse vilão, assim o mal absoluto reside nele e nós não somos nada mais do que bons protagonistas. Mas como identificar o mal? Um jeito simples de saber se você está se vitimizando e transferindo uma culpa que é sua é completando a frase: "Não consigo realizar meus objetivos porque _____ está me impedindo". Se dois ou mais itens listados na sua resposta estão relacionados a fatores externos, que você não controla, é um bom indicativo que você está sendo atacado pela terceirização da culpa.

O superpoder que vai ajudá-lo a combater esse vilão chama-se responsabilidade. Sim, isso mesmo, a boa e velha responsabilidade. Se você não fizer, nada vai acontecer. Isso é um fato. Você precisa assumir que, daqui para a frente, se quiser ser bem-sucedido como empreendedor, terá de tomar a dianteira das iniciativas, com seus ônus e bônus.

O vilão comparador de velocidade

"A comparação é a coisa mais mortal que podemos fazer a nós mesmos porque sempre seremos insuficientes."[45] O autor da frase é Simon Sinek, uma referência para empreendedores em todo o mundo. Ele é autor de best-sellers como *Comece pelo porquê*[46] e *Encontre seu porquê*[47] e ficou conhecido mundialmente em 2009, após o seu TED Talk, um dos mais vistos da plataforma até hoje, intitulado "Como grandes líderes inspiram ação".[48] O que a frase de Simon está nos dizendo é que somos únicos e especiais em nossos próprios caminhos. E que a única competição que deveria existir é entre você do presente e quem você era ontem.

---

[45] SINEK, S. Comparison is the Deadliest Thing We Can Do to Ourselves, Because We Will Always Come Up Short. **Seancroxton**. Disponível em: https://seancroxton.com/quote-of-the-day/1119/. Acesso em: maio 2021.

[46] SINEK, S. **Comece pelo porquê**. Rio de Janeiro: Sextante, 2018.

[47] SINEK, S. **Encontre seu porquê**. Rio de Janeiro: Sextante, 2018.

[48] Você pode assistir à TED Talk no link: https://www.ted.com/talks/simon_sinek_how_great_leaders_inspire_action/transcript?language=pt-br. Acesso em: maio 2021.

Para superar esse vilão, vamos usar superpoderes já conhecidos: foco e desapego. Você vai precisar ter foco no seu caminho, no que está fazendo, e não olhar muito para os lados. E vai precisar se desapegar de tentar encontrar padrões de comportamento e objetivos de outros empreendedores. Você amanhã precisa ser melhor do que a pessoa que você é hoje, e essa é a única comparação que deve fazer, pois o seu avanço é você quem controla.

Ajudante: por que essa figura pode ser o seu *turning point*?

O ajudante, ou *helper*, como estamos acostumados a chamar essa pessoa, é uma figura que pode contribuir demais para o seu avanço. O *helper* pode ser alguém com conhecimentos digitais, porém não precisa ser um superespecialista. Via de regra, é alguém que tem conhecimentos em produção de vídeo e marketing digital. Normalmente é um amigo, alguém de confiança ou um familiar. Nas conversas que fazemos com empreendedores que foram capazes de transformar sua ideia em um negócio na internet, é comum ouvir que ter um *helper* pode ser um *turning point*, ou seja, um ponto de virada, quando as coisas começam a mudar de maneira positiva. Pense desde já quem poderia ser o seu *helper* e em quais atividades essa pessoa poderia contribuir para que você adiantasse seu negócio.

Agora que já falamos sobre os vilões que atrapalham o progresso, vamos concluir este capítulo falando dos padrões de comportamento e atitudes que, ao longo dos anos, percebemos serem determinantes para o sucesso dos empreendedores que acompanhamos. Esses padrões fizeram com que pessoas como você deixassem de ser experts ocultos e passassem a impactar, com o que conhecem e sabem fazer, milhões de pessoas. Notamos que uma pessoa tem muito mais chances de dar certo como empreendedor no mundo on-line se:

1. **Domina o que sabe:** você provavelmente conhece e faz bem uma atividade à qual se dedicou ao longo dos anos. Pode ser o conhecimento que detém para realizar o seu trabalho no dia a dia, um hobby para o qual dedicou inúmeras horas de estudo e prática, um esporte que adotou e transformou sua vida. Essas experiências, quando sistematizadas, podem render aprendizados valiosos para quem está começando um caminho que você já percorreu. As suas lições, desde que organizadas e sistematizadas, têm valor.

2. **"Embale" bem o seu conhecimento:** a nossa experiência mostra que, tão importante quanto pensar e organizar o conteúdo do seu curso digital, é zelar pela embalagem dele. Ao decorrer do livro vamos mostrar como isso é um fator crítico de sucesso para que seu produto seja bem-sucedido e também vamos ensinar como fazer uma boa embalagem para apresentar o seu produto.

3. **Comunica seus atributos de maneira incrível:** é fundamental trabalhar com esmero para comunicar tudo aquilo que você tem para ensinar. Do contrário, corre o risco de morrer na praia, como se diz.

4. **Forma a própria audiência:** enquanto concebe o seu produto digital, você identifica o público-alvo, a audiência para quem quer falar. Sem uma audiência definida, corre o risco de querer falar para todos e, com isso, acaba não impactando ninguém.

5. **Tem conhecimento básico de marketing digital:** para vender on-line é fundamental conhecer estratégias para atrair público, fazer a oferta do produto no momento certo e realizar a venda.

==É muito importante entender que as "regras" que são a chave para o sucesso no digital são bem distintas das que governam o mundo off-line.== Para conseguir uma promoção ou um novo emprego em uma grande empresa, que vai lhe oferecer progressão na carreira e boa remuneração, sua experiência anterior e o diploma de uma boa universidade podem ser diferenciais. No mundo on-line, do empreendedorismo digital, isso vale muito pouco, para não dizer quase nada. Você está começando um novo jogo e vai precisar de uma nova estratégia e de um novo plano tático. Então nos acompanhe, pois daqui para a frente vamos detalhar o método que vai fazer de você um empreendedor digital.

O QUE VOCÊ PRECISA GUARDAR DESTE CAPÍTULO

▶ Neste capítulo, tratamos de dois assuntos-chave para que você se torne um empreendedor digital: os vilões que o impedem de dar o primeiro passo e os comportamentos, as habilidades e as atitudes que contribuem para o sucesso.
▶ Os vilões são hábitos ou até mesmo emoções que você precisa superar para seguir adiante e começar uma jornada empreendedora.
▶ Estes são os cinco vilões que o impedem de empreender: perfeccionismo, procrastinação, sobrecarga de informação, terceirização da culpa e comparador de velocidade.
▶ Por outro lado, há fatores que contribuem para que você se torne um empreendedor bem-sucedido, basta que exerça domínio sobre aquilo que sabe, embale bem o seu conhecimento, comunique os seus atributos de maneira incrível, saiba criar a própria audiência e adquira conhecimentos básicos de marketing digital.
▶ Você quer empreender e para isso vai precisar mudar a imagem que vê refletida no espelho todas as manhãs. Elimine os próprios vilões e incorpore os aspectos essenciais para empreender com sucesso. Ter um *helper* pode ser a diferença entre decolar e ficar na inércia. Você tem tudo para dar certo!

CAPÍTULO 5
Passo 1: lance o seu conhecimento para o mundo

Vamos lá, daqui para a frente começa realmente a sua jornada empreendedora, que gostamos de chamar de Jornada do Herói. Nos próximos capítulos, você vai aprender como criar e lançar seu negócio digital do jeito certo. Somos empreendedores e acompanhamos e lidamos com empreendedores digitais diariamente, então queremos que você comece da maneira correta. Ao longo dos anos, juntamos a nossa experiência de negócios com a dos empreendedores que apoiamos. Como já dissemos, lançamos mais de 10 mil projetos digitais em mais de vinte países. Reunimos e organizamos esses aprendizados práticos em um método exclusivo para a criação de negócios on-line ao qual você tem acesso neste livro.

O nosso método foi minuciosamente pensado para aumentar as chances de sucesso no digital de qualquer pessoa que decida empreender on-line tendo como base a sua área de conhecimento. Neste momento, o mais importante é ter clareza do seu objetivo:

▶ Montar um primeiro esboço, um piloto, do curso on-line que você quer lançar no digital, tendo você como professor.

Essa é a sua meta! Você pode desdobrá-la em pequenos marcos (*milestones*) e ir "ticando" à medida que avança na metodologia que vamos apresentar. Caso você esteja se perguntando "Mas como eu vou criar um curso on-line?", nossa resposta é "Calma, já mapeamos esse ponto e podemos dividir com você uma leitura complementar".[49] Por ora, fique por aqui e siga a leitura, pois neste momento o mais importante é que você compreenda a metodologia que vamos ensinar.

Decidimos estruturar o nosso método depois de acompanhar os bastidores de centenas de projetos que foram da ideia às primeiras vendas, até se tornarem grandes negócios digitais. Sabemos o que se passa na cabeça do empreendedor, os desafios de tomar decisões sem conhecer o caminho à frente, e as ferramentas e técnicas para contornar os gargalos e desafios mais comuns ao longo da jornada. E por isso queremos compartilhar com você tudo o que aprendemos e vimos dar errado.

Formatamos o método para que você lance o seu negócio digital da maneira correta, sem perder tempo e dinheiro com coisas desnecessárias. No fim das contas, você precisa aplicar o seu esforço, a sua energia e o seu dinheiro no lugar correto. Portanto, a nossa metodologia tem o objetivo de ensinar a você exatamente o que precisa fazer para lançar o seu negócio on-line da maneira correta, antes mesmo de se jogar no mundo digital. À medida que for avançando, reflita sobre a sua ideia de negócio, busque identificar oportunidades de melhoria e siga o método, pois ele vai aumentar drasticamente a chance de você dar certo assim que lançar o seu empreendimento digital.

---

49 Disponível em: https://herospark.com/blog/como-criar-um-curso-online.

Antes de começarmos efetivamente, é importante que você compreenda quais são os dois grandes desafios com os quais todos os empreendedores digitais se deparam. Isso é importante para que você saiba em que jogo está entrando e entenda como lidar com as peças que tem nas mãos. Todo empreendedor digital se depara com duas questões:

▶ O que fazer primeiro?
▶ Qual é o nível de engajamento que este projeto exige?

São perguntas que parecem óbvias. Ambas, no entanto, são constantemente desprezadas, na medida em que muitos aspirantes a empreendedor não refletem nem se planejam verdadeiramente tendo esses questionamentos como prioridade. Como consequência, eles abandonam seus projetos ou descobrem tardiamente, quando o negócio vai mal, que poderiam ter planejado melhor antes de começar.

Com relação à primeira questão, a partir do momento em que você começa a trabalhar em uma ideia de negócio, se questionará se o que está fazendo é correto. Será que o tempo e a energia que você está aplicando em determinada atividade são ideais para o resultado que deseja? Caso já tenha começado, o que você está fazendo agora é o que realmente deveria estar fazendo? O seu tempo é o seu maior ativo; aplicar esse recurso no lugar errado, com a prioridade errada, compromete enormemente a sua chance de sucesso. Em que você aplica o seu tempo e a sua energia para decidir sobre o futuro do empreendimento é o que determina se o projeto vai dar certo ou não.

A segunda questão tem a ver com o empenho que é preciso para que você seja bem-sucedido no seu empreendimento. A partir do momento em que colocar o seu projeto para rodar, você precisa se envolver de corpo e alma. Isso não significa se tornar um *workaholic* e abrir mão de todas as outras áreas da sua vida. Porém, você terá de se engajar e ser disciplinado e determinado com o que se propôs a fazer. Infelizmente, ainda não existe uma receita para aumentar o engajamento que temos com uma atividade específica. Há, no entanto, uma variável que você controla, que é determinante para o engajamento. Essa variável é a Paixão (isso mesmo, com P maiúsculo).

Você precisa ser absolutamente apaixonado pelo tema que vai ensinar. Precisa ser apaixonado pelo fato de que as pessoas vão aprender com você. Precisa ser apaixonado pela ideia de ter um negócio próprio – ainda que isso leve um tempo e que precise superar desafios para chegar até o topo. Se a sua Paixão for maior do que o cansaço que vai bater em determinados momentos da jornada, você vai estar totalmente comprometido com o projeto. ==Se a sua Paixão for maior do que os desafios que vão pintar no caminho, sua dedicação será ainda maior.== Se a sua Paixão for maior do que as críticas que vai ouvir na construção do negócio, você se verá totalmente engajado com o seu empreendimento digital.

Agora, vamos ao que interessa: o método. Siga os nossos passos e, à medida que evoluir, revisite o seu coração e entenda por que você quer tanto tirar da cabeça ou da planilha o seu negócio on-line – e faça-o acontecer, ainda que pouco a pouco! Ao revisitar suas motivações, você vai ganhar um combustível extra para impulsionar o empreendimento.

Primeiro, encontre o seu Superpoder

Parece simples, mas o primeiro desafio de muitos aspirantes a empreendedor é ter convicção sobre aquilo que gosta de fazer e que reconhecidamente faz bem. A combinação desses dois pontos é o que chamamos de Superpoder. Sua primeira missão é descobrir qual é o seu. Para tornar essa busca mais simples, damos uma dica. **O seu Superpoder está na intersecção de três elementos: a Paixão, a Competência e o Talento.**

A Paixão é o entusiasmo e a empolgação por algo ou pelo ato de fazer algo. É o instinto primário de amar determinada atividade. Embora possa ser estimulada, a Paixão tem de surgir de seus desejos interiores. Já a Competência é algo que você desenvolve. Competência é a habilidade para realizar determinada tarefa. Ela pode vir mais naturalmente para algumas pessoas do que para outras, mas só é refinada por meio da repetição, por meio da prática.

O escritor canadense Malcolm Gladwell, campeão de vendas de obras acessíveis sobre temas complexos, definiu competência pela "regra das 10 mil horas" em seu livro *Outliers*, que, no Brasil, recebeu o nome de *Fora de série*.[50] A premissa é que leva 10 mil horas de prática para se tornar um especialista em qualquer campo ou área específica de conhecimento. Quantas horas você já dedicou à atividade que mais curte fazer? A questão é menos um impeditivo e mais um estímulo para que você siga aprendendo para ensinar com maestria.

O Talento é o mais difícil, pois não pode ser desenvolvido, imitado ou copiado. Nascemos com ele. Pode ser maior capacidade pulmonar para correr ou a delicada coordenação necessária para desenhar ou pintar. Trata-se de uma capacidade natural que se tem para fazer algo melhor do que os outros.

Agora que você entendeu cada um dos elementos que formam o seu Superpoder fica mais fácil defini-lo. O mais importante é gravar que Paixão não significa competência ou talento. O simples fato de ser apaixonado por algo não significa que você possa ser bem-sucedido nisso.

O seu Superpoder é alcançado quando a Paixão, a Competência e o Talento se encontram.

---

50 MALCOLM, G. **Fora de série** – Outliers. Rio de Janeiro: Sextante, 2011.

De maneira pragmática, para encontrar o seu Superpoder é preciso satisfazer a três condições:

▶ Quais tarefas lhe dão uma sensação de alegria e empolgação sem esforço?
▶ O que você faz extremamente bem?
▶ Para qual atividade você sempre teve talento, ainda que a tenha desenvolvido?

Todo mundo tem algo que o torna extraordinário. Um conjunto de habilidades, dons, talentos… um Superpoder. Pode ser o seu esporte preferido, uma habilidade como negociação ou comunicação, o seu carisma, a facilidade para ensinar. Se até aqui você não deu tanta atenção para a sua habilidade extraordinária, chegou a hora de nutri-la e usá-la para o bem maior do planeta. Ao fazer isso, você não só vai ganhar um enorme senso de propósito como também vai ajudar muitas pessoas – além de criar o próprio negócio e ganhar dinheiro com ele.

Escolha "a ideia"

Uma vez que identificou o seu Superpoder é hora de escolher o tema (o assunto do curso) e esmiuçar a sua ideia de negócio digital. Você pode escolher o tema com base em sua experiência profissional, no conhecimento que tem sobre uma área específica, e até mesmo considerar um hobby, como xadrez, caso você seja um aficionado. Seu curso também pode ser baseado em uma transformação pela qual passou, como uma transição de carreira, ou ainda uma técnica que aprendeu e domina.

Se você está analisando vários temas e diferentes ideias, é provável que nenhuma delas verá a luz do dia. Por que estamos dizendo isso? Avaliar diferentes opções ao mesmo tempo e tentar descobrir se funcionam não o levará a lugar nenhum. A quantidade de tempo que você investe na análise de ambos provavelmente é insuficiente para chegar a qualquer conclusão. A chance é de que no fundo você não seja apaixonado nem pelo tema nem pela ideia. Então, como consertar isso?

Defina o tema. Por exemplo, jardinagem. Após essa definição, comece a lapidar a ideia. Uma maneira de fazer isso é pensar no seu público-alvo. Com quem você quer falar? Quais as necessidades, as dores e os problemas que essas pessoas enfrentam? Quais soluções você oferece? Por que esse público compraria o seu curso on-line? Se o seu tema é jardinagem, será que o público está interessado em aprender como fazer uma horta? Ou será que prefere saber como combater as pragas mais comuns que matam as hortaliças? Ou, então, procura soluções para plantar ervas em ambientes pequenos? Entender os desejos e necessidades do seu público-alvo é fundamental.

Ao fazer esse exercício, duas pequenas palavras podem colocar um freio em seus planos. Essas duas palavras são "E se...". Assim que brotam em nossa mente, quando estamos considerando empreender uma ideia, elas nos lançam em uma espiral de dúvidas e medos, mandando até mesmo os pensamentos mais geniais para o cemitério. "E se minha ideia for ruim?", "E se rirem de mim?", "E se eu falhar?".

Parece que não há como satisfazer os pequenos gremlins,[51] essas criaturas imaginárias de natureza malévola, capazes de sabotar qualquer tipo de pensamento. O questionamento constante nos imobiliza, a inércia nos mantém emocionalmente seguros. Seus gremlins sabem que você está com medo e estão simplesmente protegendo-o de seus maiores fantasmas.

Ofereça a eles o outro lado de qualquer pensamento negativo que o imobilize. Rapidamente, você vai perceber que é possível "enganar" o seu cérebro para que ele fique relaxado. Esse simples exercício o deixará mais confiante e o ajudará a colocar as coisas em perspectiva. Dessa forma, você poderá ampliar a sua ideia. Aqui vão alguns exemplos.

Pensamento negativo: E se eu falhar?
Outro lado: Só posso falhar se não tentar. Se tentar, vou aprender e ter sucesso; se não for na primeira tentativa, nas experiências seguintes.

---

51 Se você não vivenciou a década de 1980, acesse: https://pt.wikipedia.org/wiki/Gremlin. Acesso em: maio 2021.

Pensamento negativo: E se as pessoas acharem minha proposta de curso ruim?
Outro lado: Posso trabalhar com qualquer crítica construtiva que receba. O resto não importa.

Pensamento negativo: Quem sou eu para fazer isso acontecer?
Outro lado: Quem era Einstein antes de sua primeira descoberta? Alguém precisa fazer isso – e só você pode fazer do seu jeito!

Quanto mais tempo a sua ideia ficar parada em sua mente, menos provável é que você aja de acordo com ela. Portanto, siga em frente. Lembre-se: você não vai cometer erros com os quais não aprenderá. Errar é parte da jornada! O seu objetivo nesta etapa é:

- ▶ Estruturar a ideia;
- ▶ Descrever o seu cliente ideal;
- ▶ Identificar as dores e os problemas do cliente – sejam eles inesperados ou previsíveis;
- ▶ Listar as soluções que a sua ideia de curso oferece para o seu cliente ideal.

Aterrissando a ideia em um plano

O fato de ter uma boa sacada de curso on-line não significa que ela irá fazê-lo vender. Portanto, o ideal é você desafiar as premissas que acabou de detalhar:

▶ A minha ideia pode mesmo se tornar um curso que as pessoas vão comprar?
▶ Em caso afirmativo, quantas pessoas vão comprá-lo?

Para responder a essas perguntas, você vai precisar pesquisar algumas informações. Sua missão é reunir o máximo de evidências de que as pessoas não apenas estão interessadas em aprender o que você deseja ensinar, mas também que estão dispostas a pagar por isso. Reunimos uma lista de técnicas de validação para que você possa verificar, de maneira simples, o potencial da sua ideia antes mesmo de ela virar um curso on-line. Em seguida, aprofundamos o tópico "pesquisa" para que você tenha maior clareza de como fazer essa etapa do método.

O que o Google revela sobre o seu tema

Ok, você trabalhou em duas ou três boas ideias de curso. Agora, faça uma boa pesquisa na internet utilizando palavras relacionadas ao tema. Não se esqueça de adicionar "curso", "aulas" ou "workshop" aos termos durante a pesquisa para ver se há pessoas que realmente desejam aprender sobre os assuntos que você quer desenvolver. Descarte a(s) ideia(s) com poucos resultados de buscas, pois são aquelas pelas quais ninguém se interessa. Se precisar de uma referência, considere as palavras-chave com pelo menos mil buscas e reflita sobre os questionamentos e apontamentos abaixo.

▶ **Nos resultados de busca aparecem anúncios?**
Se sim, é um indicador de que o seu público potencial é grande o suficiente para que pessoas ou empresas queiram pagar pelos anúncios. Entre os anunciantes, há temas próximos dos seus? Quais conteúdos oferecem? Qual é o preço?

▶ **Existem escolas on-line com cursos similares ao seu?**
É uma boa ideia investigar a concorrência. Os conteúdos são práticos ou teóricos? Qual a carga horária? Oferecem certificado? Para qual perfil de alunos? Se nos resultados de busca na internet surgirem vídeos relacionados aos seus tópicos, isso também indica uma possível demanda (o que é bom) e competição (não tão bom). Quais serão os seus diferenciais? Vale a pena investir em um cenário? O professor utiliza recursos pedagógicos ou animações nas aulas?

Se esses itens aparecem em sua pesquisa, ao contrário do que pode parecer, é um bom sinal. Significa que existem outros profissionais e/ou empresas que concordam que é possível lucrar com essa ideia. Seu desafio é criar diferenciais que possam impulsionar o seu produto em relação aos dos concorrentes.

▶ **Vale consultar o YouTube?**
Vale muito! Pesquise e reúna as estatísticas dos vídeos relacionados aos seus temas. Tome nota também do tipo de seguidor que eles atraem e quais comentários são feitos. Qual a linguagem do instrutor, mais formal ou totalmente informal?

▶ **Que profundidade dar ao tema?**
Para começar, prefira o básico. É melhor começar criando um curso para iniciantes. Por quê? Você sempre saberá mais sobre o tema do que alguém que está dando os primeiros passos no assunto.

▶ **O que fazer quando a pesquisa termina?**
Pesquise e analise os dados até estar confiante na sua proposta de curso on-line. Ainda que você não tenha o material completamente estruturado, com a pesquisa é possível levantar hipóteses, complementar sua ideia e identificar oportunidades de melhorias.

A principal questão que buscamos responder até aqui é: como saber se sua ideia será um grande sucesso ou um grande fracasso? A resposta é razoavelmente simples: faça uma boa pesquisa de mercado. Acima, descrevemos brevemente como fazer uma consulta básica para levantar informações a respeito de um tema que você quer explorar. Uma boa pesquisa pode dar mais lastro e segurança para o seu futuro projeto.

> **O principal benefício de uma pesquisa é testar a viabilidade da ideia. Mas, além disso, você pode descobrir um nicho ou micronicho completamente novo e ser o único a lucrar nele.**

E mais: você vai conhecer, por meio da busca, concorrentes que possuem ofertas similares – e isso dará a oportunidade de criar diferenciais para o seu produto. Sobre os concorrentes, é importante compreender o produto que oferecem, a metodologia usada, os materiais que disponibilizam.

Uma pesquisa mais completa pode trazer informações como:
- Qual é o público-alvo para o qual você quer falar e por quê?
- Onde sua audiência ou seus clientes pesquisam produtos ou serviços para consumir?
- Quais são as palavras-chave que as pessoas usam para buscar o seu produto na internet?
- Quais dos seus concorrentes são buscados pela sua audiência (por oferecerem informações diferenciadas, mais opções ou ofertas exclusivas)?
- O que é ou pode se tornar uma tendência no setor?
- Quais os desafios presentes no mercado?
- O que influencia as compras do seu público-alvo?

Organize e revise tudo o que você encontrou. Disponha os achados de maneira mais intuitiva, como em um gráfico, fluxograma, mapa mental... enfim, da forma que funcionar melhor para o seu entendimento. Não deixe faltar no resumo:
- Objetivos da pesquisa de mercado;
- Dados gerais dos participantes;
- Descobertas mais importantes e quais os planos a respeito delas;

▶ Estímulos que ajudaram os participantes a responderem;
▶ Descrição de como a decisão dos compradores é feita;
▶ Plano de ação com cronograma, prioridades etc.

Deixamos abaixo (ver nota de rodapé), duas referências para que você possa aprofundar o seu conhecimento no tópico Pesquisa de Mercado.[52, 53] Estude-as, coloque em prática o que você aprendeu durante o estudo. Dedique-se ao planejamento e você reduzirá drasticamente as chances de fracasso.

---

52 COMO elaborar uma pesquisa de mercado. **Sebrae**, 2013. Disponível em: https://www.sebrae.com.br/Sebrae/Portal%20Sebrae/UFs/MG/Sebrae%20de%20A%20a%20Z/Como+Elaborar+uma+Pesquisa+de+Mercado.pdf. Acesso em: maio 2021.

53 MARIA. O que é pesquisa de mercado e como fazer. **HeroSpark**, 20 dez. 2020. Disponível em: https://herospark.com/blog/o-que-e-pesquisa-de-mercado. Acesso em: maio 2021.

O QUE VOCÊ PRECISA GUARDAR DESTE CAPÍTULO

Este foi um capítulo mais denso e muito provavelmente cheio de novidades para você. Não queremos que saia daqui com minhocas na cabeça. Se for o caso, releia as partes que o deixaram encucado. Leia também o material de apoio, pois ele vai aprofundar muitas das questões que eventualmente não foram detalhadas no capítulo. E o mais importante, comece a praticar o que vimos até aqui que, em resumo, foi:

- ▶ Foco na meta: o seu objetivo é montar um primeiro esboço, um piloto, do curso on-line que você quer lançar no digital, tendo você como professor.
- ▶ Tempo é o seu maior ativo: aplique esse recurso no lugar certo com a prioridade certa e terá maior chance de sucesso no seu empreendimento digital. Como fazer? Mantenha-se fiel ao método.
- ▶ Encontre o seu Superpoder: ele está na intersecção de três elementos – a Paixão, a Competência e o Talento.
- ▶ Escolha "a ideia": opte com base em seus conhecimentos, hobbies e na sua experiência profissional. Lembre-se: seu curso também pode ser baseado em uma transformação pela qual passou, como uma transição de carreira ou ainda uma técnica que aprendeu e domina.
- ▶ Vença os seus gremlins: eles são capazes de sabotar qualquer tipo de ideia. Ofereça a eles o outro lado de qualquer pensamento negativo.

- ▶ Faça a tarefa de casa: pesquise, organize os dados e informações, aprenda com eles.
- ▶ Volte para a ideia: com o que aprendeu na pesquisa, refine sua proposta de curso on-line. Quando concluir essa etapa, estará pronto para avançar.

Em seguida, vamos falar de algo fundamental que desejamos que você incorpore a sua rotina de empreendedor daqui para a frente: a disciplina inteligente. *Mas que raios é isso?* Faça uma pausa, descanse e, após experimentar os ensinamentos que vimos neste capítulo, siga em frente. Vamos explicar por que a disciplina inteligente é um divisor de águas quando o assunto é começar um negócio digital bem-sucedido.

CAPÍTULO 6
Passo 2: disciplina inteligente

Quando alguém é muito bom em determinada atividade, o que realmente o torna ótimo? Essa pergunta já deve ter passado pela sua cabeça. Ela está constantemente em nossa mente e faz parte das conversas que temos com os empreendedores que acompanhamos e apoiamos. Ao longo do tempo, notamos que não existe bala de prata ou receita mágica para o sucesso. É preciso ter disciplina, se dedicar de corpo e alma e treinar bastante. O negócio é fazer, fazer e fazer de novo.

No capítulo anterior falamos da regra das 10 mil horas, que se tornou popular com o livro *Fora de série*, de Malcolm Gladwell. Como Gladwell diz, a regra é a seguinte: uma pessoa leva 10 mil horas de prática intensiva para alcançar o domínio de habilidades em tarefas complexas, como tocar violino ou ser tão bom quanto o Bill Gates em programação de computadores. Gladwell se baseou nos estudos do psicólogo cognitivo e professor Anders Ericsson. Segundo Anders, o que distingue uma pessoa bem-sucedida no seu campo de atividade é quão duro ele ou ela trabalha. Quer dizer que você vai ter que treinar 10 mil horas para ser bem-sucedido no seu empreendimento digital? A resposta é: não. Vamos mostrar que, utilizando o nosso método, é possível acelerar muito o processo.

Por ora, vamos voltar às pesquisas do professor Anders, pois as descobertas dele têm tudo a ver com o que você precisa para crescer como empreendedor digital. Um dos estudos mais conhecidos do professor envolveu violinistas da Academia de Música de Berlim, na Alemanha.[54] Ele e dois colegas de pesquisa dividiram os alunos de música em três grupos: aqueles que tinham talento para se tornar profissionais de classe mundial, aqueles que eram muito bons e aqueles que planejavam se tornar professores de música. Anders descobriu que o que separava os níveis de habilidade dos violinistas não era o talento nato, mas as horas de prática que acumulavam. Mas não apenas isso.

Os futuros professores praticaram cerca de 4 mil horas. Os violinistas considerados muito bons praticaram aproximadamente 8 mil horas. Já os músicos de elite treinaram mais de 10 mil. O mesmo estudo foi realizado com pianistas e obteve resultados semelhantes. Apesar do livro de Gladwell ter popularizado a pesquisa do professor Anders, ele ficou irritado com a maneira como o escritor canadense simplificou suas descobertas. Na visão de Anders, Gladwell supervalorizou a prática e a quantidade de horas exigidas para ser bem-sucedido em uma atividade – e desprezou outros elementos-chave para o sucesso.

"Muitas pessoas pensam que o que Anders descobriu é que a quantidade de prática torna você um campeão", disse Angela

---

[54] ERICSSON, A. K.; KRAMPE, R. T.; TESCH-ROMER, C. The Role of Deliberate Practice in the Acquisition of Expert Performance. **Psychological Review**, 1993, Vol. 100. No. 3, 363-406. Disponível em: https://graphics8.nytimes.com/images/blogs/freakonomics/pdf/DeliberatePractice(PsychologicalReview).pdf. Acesso em: maio 2021.

Duckworth, professora de Psicologia da Universidade da Pensilvânia, nos Estados Unidos, e autora de *Garra*,[55] cuja palestra TED[56] sobre o assunto foi assistida mais de 8 milhões de vezes. Segundo Angela, a simplificação de Gladwell com a regra das 10 mil horas é desastrosamente incompleta. Ela reforça que a descoberta do professor Anders revela que são dois os elementos fundamentais para alcançar a maestria em determinada atividade: quantidade e qualidade. "As pessoas precisam trabalhar duro, mas também de maneira inteligente", disse Angela. Nós concordamos e acreditamos fielmente no que chamamos de disciplina inteligente, que está diretamente relacionada ao que a professora trouxe em sua reflexão.[57]

Ou seja, não se trata de repetir a sua ideia de negócio somente por repetir. Fazer por fazer não vai funcionar. Grave isto em sua mente: repetir o erro é pior do que não fazer! Por isso, tão importante quanto fazer do jeito certo, identificando erros e definindo planos de melhoria contínua, é agir com disciplina inteligente. *Mas o que exatamente é disciplina inteligente?* É a capacidade de controlar impulsos, emoções, reações e comportamentos,

---

55 DUCKWORTH, A. **Garra**: o poder da paixão e da perseverança. Rio de Janeiro: Intrínseca, 2016.

56 Você pode assistir à TED Talk no link: https://www.ted.com/talks/angela_lee_duckworth_grit_the_power_of_passion_and_perseverance?language=pt-br. Acesso em: maio 2021.

57 KURUTZ, S. Anders Ericsson, Psychologist and 'Expert on Experts,' Dies at 72. **The New York Times**, 1 jul. 2020. Disponível em: https://www.nytimes.com/2020/07/01/science/anders-ericsson-dead.html Acesso em: maio 2021.

de maneira que você renuncie à gratificação a curto prazo em favor da satisfação e do ganho a longo prazo. Não se trata de levar o seu projeto de maneira chata, burocrática e sem prazer. Disciplina inteligente tem a ver com se concentrar no que é mais importante, é colocar a energia na atividade adequada para determinada fase do projeto.

Se analisarmos as duas palavras separadamente, disciplina é a obediência às regras, às etapas, que compõem a Lógica do Herói. A disciplina organiza tudo, ela é necessária para não deixar o seu projeto solto. Já a inteligência tem a ver com a aplicabilidade. Ou seja, inteligente está relacionado a colocar em prática o que se estuda. No nosso caso, tem a ver com colocar em prática o método da Lógica do Herói. Disciplina inteligente, portanto, significa seguir de maneira ordenada as etapas da Lógica do Herói, colocando-as em prática à medida que você aprende cada tópico.

Voltando ao professor Anders, ele explicou o sucesso como sendo fruto de muita prática, mas com qualidade. Como falamos, não basta repetir por repetir. Anders reforçou a importância da qualidade e do método no que chamou de "prática deliberada", que envolve:

- ▶ Definição de objetivos claros;
- ▶ Busca contínua de feedbacks e a melhoria frequente da atividade a partir deles;
- ▶ Foco no método.

Segundo sua pesquisa, a falta de "prática deliberada" explica por que tantas pessoas atingem apenas a proficiência básica em alguma coisa, seja um passatempo, um esporte, uma profissão ou um empreendimento, sem nunca atingir o status de elite. Um jogador de golfe de domingo pode bater bolas ao redor do campo durante anos, mas, sem seguir um método, nunca se tornará o próximo Tiger Woods. O mesmo vale para uma jogadora de futebol de fim de semana: sem treino, dedicação e disciplina, jamais chegará perto de uma Marta.

Outro fator crítico de sucesso relacionado à ideia de disciplina inteligente é o que Angela Duckworth chamou de "*grit*". A palavra não tem tradução exata para o português, mas o seu significado é muito próximo de gana e garra. Angela definiu o termo como uma combinação de paixão e perseverança por um objetivo. Nas palavras dela, "*grit* é ter uma meta com a qual você se preocupa tanto que ela organiza e dá sentido a tudo o que você faz. *Grit* tem a ver com se manter firme a esse objetivo. Mesmo quando você cai. Mesmo quando você estraga tudo. Mesmo quando o progresso em direção a essa meta é interrompido ou lento".[58]

Questionada sobre como se desenvolve *grit*, Angela respondeu: "Você não pode desenvolver interesse por algo que não lhe interessa. Mas, uma vez que descobrir um tema ou assunto de

---

58   A definição está disponível no site oficial de Angela Duckworth. Disponível em: https://angeladuckworth.com/qa/#faq-125. Acesso em: maio 2021.

que gosta, é capaz de trabalhar arduamente, persistir e superar frustrações, mesmo quando há contratempos".[59] A sua disciplina é o que vai determinar se você é capaz de transformar o tema de seu interesse em um negócio digital. Ao começar o seu empreendimento, aja com disciplina inteligente. Dessa forma, vai aumentar exponencialmente suas chances de sucesso.

Um último exemplo de como a disciplina inteligente impacta o dia a dia vem do ex-presidente dos Estados Unidos Barack Obama. Ele é conhecido por usar apenas ternos cinza e azul. Obama costuma explicar sua predileção pelas duas cores de terno como uma maneira de diminuir as escolhas que ele tem de fazer a cada dia. "Você precisa simplificar sua rotina para poupar energia para fazer o que realmente importa", diz Obama. Isso é disciplina inteligente.

Segundo o ex-presidente dos Estados Unidos, além de criar rotinas para simplificar o dia a dia, é preciso, principalmente, ganhar velocidade nas coisas que vão realmente fazer a diferença na sua vida e na de outras pessoas. Essa ideia de Obama está respaldada por uma série de estudos científicos.[60] Tais pesquisas sugerem que, se você exaurir sua capacidade de tomar decisões

---

59   SCELFO, J. Angela Duckworth on Passion, Grit and Success. **The New York Times**, 8 abr. 2016. Disponível em: https://www.nytimes.com/2016/04/10/education/edlife/passion-grit-success.html. Acesso em: maio 2021.

60   BLOOM, P. 'Smarter Faster Better,' by Charles Duhigg. **The New York Times**, 25 mar. 2016. Disponível em: https://www.nytimes.com/2016/03/27/books/review/smarter-faster-better-by-charles-duhigg.html?searchResultPosition=8. Acesso em: maio 2021.

com escolhas desnecessárias, acabará cometendo erros onde realmente importa.

No projeto digital que está começando, você não vai querer gastar energia no que não é preciso e errar onde vai custar caro corrigir.

Ter disciplina e aplicá-la de maneira inteligente para fazer o seu projeto digital decolar vai fazer toda a diferença nas suas perspectivas de sucesso. Comece já!

CAPÍTULO 6

O QUE VOCÊ PRECISA GUARDAR DESTE CAPÍTULO

▶ Neste capítulo, reforçamos uma ideia que é importante que você compreenda: não existe bala de prata ou receita mágica para o sucesso. É preciso ter disciplina inteligente.
▶ Disciplina inteligente é a capacidade de controlar impulsos, emoções, reações e comportamentos, de maneira que você renuncie à gratificação a curto prazo em favor da satisfação e do ganho a longo prazo.
▶ O sucesso é fruto de muita prática, mas com qualidade e método. À junção de prática, qualidade e método, dá-se o nome de prática deliberada, cujas premissas são: definição de objetivos claros; busca contínua de feedbacks e a melhoria frequente da atividade a partir deles; e foco no método.
▶ Lembre-se: tão importante quanto fazer do jeito certo, é identificar os erros e definir planos de melhoria. Isso também é disciplina inteligente.

CAPÍTULO 7
Passo 3: como validar a sua ideia

Como já dissemos, a sua ideia é absolutamente inútil se você guardá-la na gaveta e não testá-la com clientes reais. Hoje em dia, escrever um plano de negócios com projeções, por meio de pesquisas de mercado, é um caminho custoso e demorado. Nada supera o feedback de um cliente real testando ou usando o seu produto ou serviço. Então, como você chega aos clientes quando está no estágio da ideia e não quer gastar dinheiro construindo algo que eles não querem?

A resposta para essa pergunta é: fazendo um produto mínimo viável (MVP, na sigla em inglês). Eric Ries, o autor de *A startup enxuta*[61] e *O estilo startup*,[62] definiu um MVP como a versão de um novo produto que permite coletar o máximo de aprendizado sobre os clientes com o mínimo de esforço.[63] Mas é importante que entenda: um MVP não é uma versão mais barata do produto que você quer lançar – já vimos muitos empreendedores quebrarem a cara por assumirem essa falsa premissa.[64] O MVP é um ótimo método para testar uma ideia e evitar desperdícios de tempo, dinheiro e recursos. O diagrama a seguir mostra como o produto mínimo viável é utilizado para testar a ideia, melhorá-la a partir dos feedbacks dos clientes (dados) e aperfeiçoar o projeto.

---

61 RIES, E. **A startup enxuta**. Rio de Janeiro: Sextante, 2019.
62 RIES, E. **O estilo startup**. Rio de Janeiro: Sextante, 2019.
63 O conceito de MVP ganhou popularidade depois que Eric Ries o descreveu em seu livro *A startup enxuta* (Sextante, 2019). Mais tarde, Lean Startup se tornou o nome do método para gerir negócios iniciantes baseados em tecnologia e altamente escaláveis.
64 UM MVP não é uma versão mais barata do produto. **Rafael Carvalho**, 25 set. Disponível em: https://rafaelcarvalho.tv/um-mvp-nao-e-uma-versao-mais-barata-do-produto/. Acesso em: maio 2021.

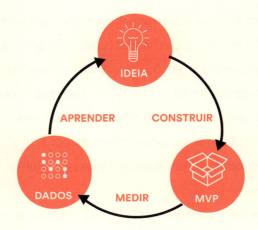

A figura resume a maneira como a ideia é colocada em prática a partir do desenvolvimento do MVP. Com ele, é possível coletar dados, que são as informações sobre os clientes (nome, e-mail, feedbacks, comentários) que servirão para melhorar a ideia inicial. Uma vez que ela é melhorada, refaz-se o MVP e, com isso, novos dados serão coletados. Dessa maneira, cria-se um círculo virtuoso de melhoria contínua, que em tese não tem fim. Afinal, você estará sempre aprimorando o seu produto on-line.

Para testar a sua ideia de curso on-line você deve começar com um MVP, que pode ser um e-book[65] ou uma *landing page.*[66] Para ajudá-lo a fazer qualquer uma das duas opções, deixamos

---

65 ZUGMAN, L. Ebook: Tudo o que você precisa saber sobre como criar e vender ebooks. **HeroSpark**, 3 ago. 2020. Disponível em: https://herospark.com/blog/ebook/. Acesso em: maio 2021.

66 PONTES, E. Landing Page: o que é e como criar páginas que convertem? **HeroSpark**, 1 abr. 2020. Disponível em: https://herospark.com/blog/landing-page/. Acesso em: maio 2021.

nas notas de rodapé links com explicações disponíveis na nossa plataforma. Calma, isso é mais fácil do que parece e vamos oferecer uma solução[67] que vai tornar esse processo mais simples ainda.

Voltemos à *landing page*, também conhecida como página de aterrissagem ou página de destino. A *landing page* é qualquer página que você acessa para entrar em um site ou blog. Ela é muito simples e anuncia um produto ou serviço com poucas palavras e apresentando uma proposta de valor bem clara. Nela deve haver um campo para que os visitantes inscrevam seus e-mails para serem os primeiros a saber das novidades sobre o lançamento.

A *landing page* é eficiente porque identifica o interesse das pessoas pelo seu curso on-line e coleta informações (dados) delas, como e-mails e cliques. Sabemos que, neste momento, tudo isso pode parecer muito complicado. Se essa for a sua impressão, lembre-se da primeira vez em que se sentou atrás da direção de um automóvel para aprender a dirigir. Ou então, da primeira vez em que foi testar uma receita nova, como um bolo ou um pudim. Em ambos os casos, existe uma série de atividades e técnicas que você precisa executar para que tudo aconteça como planejado. Aqui é a mesma coisa e, de novo, vamos ajudá-lo no processo.

---

[67] Em https://herospark.com/livro, sugerimos alternativas para criar landing pages. Além disso, também é possível criar uma página simples com o WordPress, que conta com interface intuitiva em português.

Veja algumas orientações importantes antes de começar a montar o seu produto mínimo viável e tenha como base todo o trabalho que já realizou na leitura dos capítulos anteriores:

1. Responda às questões que deixamos a seguir. Elas vão servir para a confecção do conteúdo do seu e-book ou da sua *landing page*.
   A. Quais problemas o curso se propõe a resolver?
   B. Quais pessoas sofrem com esses problemas?
   C. Qual é a solução proposta pelo curso?
   D. Qual é o diferencial do meu produto?
   E. O que as pessoas vão aprender com o meu curso?

2. Agora digamos que você tenha desenvolvido um manual de treinamento de vinte páginas no ano passado. Esse conteúdo pode ser dividido em atividades de duas páginas cada e estruturado em um módulo de treinamento. Ou suponha que você tenha folhetos e slides para disponibilizar no treinamento presencial de novos funcionários. Você pode usá-los e também gravar a próxima sessão de treinamento para, posteriormente, usá-la como conteúdo audiovisual (um aula on-line, por exemplo).

3. Se você não conta com nenhum material prévio, invista algumas horas criando um conteúdo inicial rápido, que gere aprendizado relevante sobre o tema do curso que quer testar.

4. Foque-se na proposta de valor central e na criação da sua oferta. É ela quem ditará, de fato, o nível de demanda do produto que você quer oferecer.

5. Use as informações que encontrou de referências similares (concorrentes) para buscar atalhos. Aprender com os erros dos outros é sempre mais barato e economiza muito tempo.

6. Antes de testar qualquer MVP, saiba o que é um resultado bom ou ruim e como medi-lo (número de e-mails conseguidos, downloads do e-book etc.). Caso não seja possível, repense a forma de validar a tração junto ao mercado.

Agora que você já compreendeu como fazer o MVP do seu curso on-line, utilizando uma *landing page*, vamos mostrar algumas melhores práticas na hora de montá-la para que você compreenda os elementos-chave dessa etapa.

Título e subtítulo

O título e o subtítulo de uma *landing page* são os principais elementos. Eles devem transmitir a proposta de valor do seu curso e atrair o visitante para querer saber mais a respeito dele. Existem estudos que indicam que, a cada dez pessoas que chegam a uma página, oito leem o cabeçalho, mas somente 20% dos visitantes vão conferir o resto da página.[68, 69, 70] O visitante não tem tempo a perder – e você precisa ir direto ao ponto para captar a atenção dele. Se o usuário chega à *landing page* para baixar um e-book ou se inscrever em um minicurso on-line (pode ser uma aula), por exemplo, ele precisa ter essa solução imediatamente à vista.

Imagem

Assim como a escolha de um bom título e subtítulo é determinante para o sucesso da página, colocar uma imagem de qualidade fará toda a diferença. Escolha uma que esteja alinhada ao seu tema e que seja marcante, agradável aos olhos e diferenciada.

Descrição da oferta

Esse é um tópico de máxima importância. É o que vai ajudar você a vender a sua ideia e a eliminar possíveis dúvidas da mente do

---

68 TRENTINI, G. Landing Pages: o que é e para que servem. **Nacional Vox,** 13 jul. 2020. Disponível em: https://www.nacionalvox.com.br/conteudos/landing-pages-o-que-e-e-para-que-servem/. Acesso em: maio 2021.

69 COMO Criar Landing Pages Super Convertedoras: o Guia Definitivo. **Neil Patel.** Disponível em: https://neilpatel.com/br/blog/o-guia-definitivo-para-criar-landing-pages-super-convertedoras/. Acesso em: maio 2021.

70 MUHAMMAD, F. How to Write Effective Landing Page Headlines. **Instapage,** 2 jan. 2020. Disponível em: https://instapage.com/blog/how-to-write-effective-landing-page-headlines. Acesso em: maio 2021.

visitante. Destaque em negrito ou cores alegres termos importantes. Foque os benefícios e não apenas números ou funcionalidades. Além disso:

- ▶ Procure escrever frases curtas e objetivas;
- ▶ Se preferir, use vídeos curtos e explicativos;
- ▶ Utilize *bullet points* para facilitar a leitura.

Formulário

É no formulário que acontece a grande mágica da *landing page*: a conversão, que, no seu caso, consiste nas pessoas deixarem o nome e e-mail de contato, pois é a partir daí que você cria a lista para quando for fazer a oferta do produto que vai lançar.

Como testar e analisar os resultados do MVP

Como já dissemos, a *landing page* é uma página na internet e, para levar as pessoas até ela, você terá de promovê-la, compartilhando-a em suas redes sociais, grupos de Facebook que tenham o público-alvo que você pretende alcançar, grupos de WhatsApp dos quais você faz parte. Evite usar apenas amigos e familiares como representações do mercado. Isso costuma enviesar drasticamente os dados e pode motivar decisões equivocadas. Aplique o seu MVP a um contexto realista. Um ponto importante que vale repetir: a sua *landing page* deve ficar no ar por tempo determinado – uma semana, quinze dias, um mês...

Com a conclusão do período de teste, é hora de analisar os resultados: número de visualizações na página, número de e-mails obtidos, comentários que chegaram via redes sociais ou WhatsApp decorrentes da divulgação que você fez. Se após o feedback recebido ainda estiver confiante de que realmente a sua ideia tem potencial para se tornar um sucesso, você deve estudar quais são as principais questões comerciais daquele mercado e aprofundar seu entendimento sobre o público-alvo, pois isso permitirá que crie os diferenciais do seu produto.

Como lançar uma oferta

Até aqui falamos do planejamento do seu projeto e do MVP, o primeiro teste com um protótipo. A partir daí, você terá uma série de informações e insights para melhorar o produto e fazer a oferta dele. É possível que você nunca tenha oferecido nada on-line antes, então os próximos passos podem parecer um exercício desafiador e até mesmo estranho. Talvez você tenha feito ofertas on-line, mas os resultados foram, digamos, fracos (aquém das suas expectativas). As boas ofertas on-line seguem um roteiro definido de elementos e, apesar de poderem variar um pouco, as regras gerais são similares. Conheça-as e use-as, com disciplina, para criar a sua oferta irresistível.

Um ponto fundamental que você precisa entender antes de seguir adiante é que a sua oferta on-line acontece em duas fases: a pré-oferta e a oferta em si. Na fase de pré-oferta, você prepara o terreno. Em outras palavras, na pré-oferta você usará as suas redes sociais, ou blog ou ambos, para gerar conhecimento e interesse pelo seu produto on-line. O consumidor só avançará na jornada de compra se sentir que o que você oferece é o que ele realmente quer ou precisa. Somente depois desses passos, você vai apresentar o seu produto e, então, oferecê-lo à audiência. Os passos essenciais que você deve cumprir são:

Garanta uma oferta incrível

Nada vai funcionar se você não estiver convencido de que o que tem nas mãos é incrível. Mas como saber se a sua oferta é, de fato, boa? Aqui está o que ela deve ter:

- ▶ Uma solução para um problema que seu público-alvo deseja resolver;
- ▶ Um público-alvo com dinheiro para pagar por uma solução (superimportante!);
- ▶ Uma maneira única ou um método exclusivo de fornecer a solução.

Com uma boa oferta, metade da batalha está vencida. A outra metade vem do seu poder de persuasão. E, para que você se sinta confortável oferecendo o seu produto, deve estar convencido do valor da oferta que está fazendo.

Fale com as pessoas certas

Um elemento crucial para que o seu público-alvo seja o principal cliente do seu produto é que ele saiba que tem um problema para o qual o seu produto é a solução. Seu cliente ideal deve estar convencido de que deseja resolver o problema. E, por último, mas não menos importante, o seu público-alvo deve ter dinheiro para pagar por uma solução. Se algum desses componentes estiver faltando, pode ser que você tenha que revisitar sua ideia e melhorá-la ou encontrar um público-alvo diferente.

Estabeleça uma relação de confiança antes de fazer a oferta

Ao entregar conteúdo útil, por meio de blogs, redes sociais, grupos exclusivos no WhatsApp, podcasts ou até por e-mail, você constrói uma relação de confiança. Seja simpático, responda aos comentários. Seja consistente, publique com frequência conteúdo útil, relevante e que apoie a oferta que você vai fazer. Construa a sua autoridade[71,72] em torno do assunto do seu curso. Fazendo isso, adivinhe de quem as pessoas vão querer comprar quando a oferta for feita?

Reforce sua autoridade

Faça lembretes para a audiência sobre sua experiência no seu tema de expertise. Algumas maneiras de fazer isso:

▶ Fale sobre a sua experiência com o tipo de solução que está propondo – no trabalho que realizava antes de empreender, por exemplo;

▶ Mencione os prêmios ou realizações importantes que já alcançou;

▶ Fale sobre livros que você escreveu, publicações para as quais contribuiu, pessoas que mencionaram seu trabalho.

Você não precisa exagerar para estabelecer sua autoridade, mas também não deve deixar esse componente crucial de fora. Não assuma que o seu público-alvo se lembrará do motivo pelo qual você é um especialista: reforce, sempre que possível, a sua autoridade.

---

71 CONTENT, R. R. Aprenda como construir autoridade online com essas 7 dicas essenciais. **Rock Content**, 18 mar. 2019. Disponível em: https://rockcontent.com/br/blog/autoridade-online/. Acesso em: maio 2021.

72 OLIVEIRA, L. Autoridade digital: o que é e como construir. **HeroSpark**, 14 abr. 2021. Disponível em: https://bityli.com/xTxKa. Acesso em: maio 2021.

Crie senso de urgência

Para ajudar as pessoas a tomar uma decisão, você deve fornecer um prazo. As ofertas irresistíveis sempre têm prazo de validade, pois isso motiva as pessoas a agir. Ofereça o seu produto por um tempo limitado. Informe, com antecedência, ao seu público-alvo quando a oferta será iniciada e encerrada. E não tenha medo de lembrá-los mais de uma vez. As pessoas são ocupadas e podem não ver todas as suas mensagens.

Gere escassez com disponibilidade limitada

Isso significa limitar o número de ofertas disponíveis. Quando você não está vendendo objetos físicos, criar uma verdadeira escassez pode ser um desafio. Uma maneira de pensar sobre isso é com a pergunta: "Como posso adicionar algo personalizado à forma como entrego meu curso para que possa realmente limitar o número de pessoas que ajudo?". Alguns exemplos de escassez:

- ▶ Você oferece um número limitado de convites para um *webinar* privado de perguntas e respostas junto do e-book do curso;
- ▶ Você tem um número limitado de vagas disponíveis para sua oferta de curso;
- ▶ Você tem um número limitado de convites para uma mentoria on-line para ajudar as pessoas a criar soluções

personalizadas para seus problemas – a partir do conteúdo que você oferece no curso.

Está criando uma oferta incrível, certo? E você sabe que vai resolver um problema real de uma maneira única, correto? Se realmente acredita nisso, então faça tudo o que puder para colocar sua oferta nas mãos – ou melhor, na tela do computador, tablet ou celular – das pessoas!

Distribuição é importante, não se esqueça dela

Definir como você vai entregar o conteúdo do curso que está criando para os potenciais clientes é um fator crítico para o sucesso do seu negócio. Quando estamos falando de distribuição, queremos que avalie as redes sociais mais adequadas para a sua oferta. Em qual delas vale a pena fazer um anúncio do seu curso? Ou será que a melhor opção para atingir o seu público-alvo é fazer uma campanha no Google? Se já possui um blog e já tem um perfil ativo em redes sociais, pode ser que você opte por estratégias de *inbound marketing*. Brian Halligan e Dharmesh Shah, dois grandes empreendedores, criaram esse conceito em 2006, cuja ideia é atrair clientes por meio de conteúdos relevantes para eles e não por meio de anúncios e propagandas on-line. O inbound marketing se tornou a principal escolha de 74% dos mercadólogos do mundo, doze anos depois de ter sido criado, como consta no relatório de 2018 da HubSpot, empresa fundada por Brian e Dharmesh.[73] O método de inbound marketing busca atrair clientes por meio de recursos como:

- Posts em blog;
- E-books;
- Posts em redes sociais;
- SEO (lembra-se das palavras-chave que você identificou na pesquisa de mercado? O SEO é a técnica para que, usando essas palavras, você atraia, por meio do Google, clientes para o seu conteúdo);
- Podcasts.

Tudo isso está dentro de distribuição. E por que isso é importante? De nada adianta você ter um curso de qualidade, muito bem produzido, com ementa e conteúdo muito bem pensado se organizados, se não souber como vai fazer o produto chegar até as pessoas. Invista um tempo para pensar na distribuição. Sua estratégia será determinante para atingir o público-alvo.

---

[73] ZUGMAN, L. Inbound Marketing: como e porque implementar no seu negócio. **HeroSpark**, 5 out. 2020. Disponível em: https://herospark.com/blog/inbound-marketing/. Acesso em: maio 2021.

Fechamento e o novo ciclo de vendas

Durante todo o processo que acabamos de descrever, da concepção do produto à venda, haverá diversas interações com o público. Primeiro, entre você e sua audiência. Depois, entre você e os clientes. Essas interações vão proporcionar experiências boas e muitas oportunidades de melhoria. Por isso, é fundamental cuidar do pós-venda e preparar um novo ciclo de oferta. O pós-venda é a manutenção do relacionamento com o cliente depois de ele ter realizado a compra. ==Um bom pós-venda é um excelente caminho para a fidelização do seu cliente, além de ser uma saída mais barata para garantir futuras vendas. Por isso, você deve encarar esse relacionamento como se fosse um namoro, ou melhor, um casamento.==

No pós-venda, a ação começa a partir do momento em que o consumidor passa a utilizar o seu produto, no caso, o seu curso on-line. Que tal enviar um e-mail de boas-vindas ou um e-mail agradecendo a compra? Você pode também enviar ao cliente dicas de como aproveitar melhor o curso ou materiais complementares. Vale também perguntar, depois de algumas semanas da compra realizada, o que o cliente achou do material adquirido. Coloque-se à disposição para atendê-lo sempre que ele desejar.

Agora que a sua relação com o cliente já deu um passo à frente, invista em relatórios sobre essa interação. Ao fazer isso, você prepara um novo ciclo de oferta, que pode ser a continuação do seu curso, o aprofundamento dele ou um novo tópico. Há quanto tempo o cliente adquiriu o seu primeiro curso on-line? Quais são os clientes mais satisfeitos? Seria hora de apresentar algo novo ou complementar? Essas são questões essenciais para expandir a relação com o cliente, além de uma estratégia para fazer novos negócios. Você vai trabalhar para que o cliente volte a comprar e também para que ele o recomende a outros possíveis consumidores.

É importante ter indicadores de desempenho para identificar os resultados obtidos com as vendas. Dessa forma, você consegue avaliar os processos para verificar o que precisa ser melhorado para proporcionar uma experiência ainda mais incrível ao cliente. Uma boa prática é ter uma pesquisa de satisfação ao fim do curso. Funciona por meio de um link com acesso ao formulário da pesquisa, em que o usuário responderá às questões formuladas por você, com o intuito de identificar a satisfação do cliente com o produto e possíveis oportunidades de melhoria. Os pontos fortes identificados precisam ser reforçados e consolidados. Já os pontos de melhoria devem ser ajustados para que o processo atenda às necessidades dos usuários.

A satisfação do cliente é muito importante para o sucesso do seu empreendimento digital. Isso porque a percepção positiva do consumidor pode trazer benefícios. Um deles é o efeito de rede. Ou seja, quanto mais gente recomendar o seu curso, mais vendas serão geradas no futuro. Outro benefício é o que chamamos de prova social, que consiste na coleta de depoimentos positivos, com relação à experiência do curso, que podem ser exibidos na página de vendas, como forma de estimular futuros compradores. Funciona como um atestado de satisfação.

==Se você deseja que o seu empreendimento digital prospere, é essencial que cuide de todos os detalhes que envolvem a jornada de compras==, desde o primeiro contato do visitante com os canais digitais até o pós-venda. Esse ciclo de melhoria contínua não tem fim, pois dele depende o seu futuro e o do seu empreendimento digital.

Vença as barreiras e crie o seu curso on-line de sucesso

A grande dificuldade em criar cursos on-line de sucesso é que inicialmente a maioria das pessoas vai ter certo receio de comprá-lo. Isso porque não conhecem sua reputação ou a qualidade do seu trabalho. A melhor maneira de vencer essa barreira inicial é oferecendo o curso a um preço mais baixo, pelo menos no começo. Retorne sempre à sua pesquisa de mercado para avaliar o preço praticado pelos concorrentes. Além disso, você deve começar a criar autoridade por meio da internet, como nas redes sociais, no YouTube ou até no seu blog.

> Publique, publique, publique. Compartilhando conteúdo relevante para a audiência que deseja alcançar, você fortalecerá a sua autoridade e criará uma base de contatos para novas ofertas. Depois de algum tempo, terá reunido testemunhos e amostras dos resultados que seu curso promoveu. Use esses dados na divulgação, como prova social, para aumentar a credibilidade do produto e, então, vendê-lo a um preço justo.

Este foi um dos capítulos mais densos até aqui. Ele possui informações e conhecimentos relevantes para o início da sua jornada empreendedora, ou a sua Jornada do Herói, como gostamos de chamar. É muito provável que você tenha inúmeras perguntas na cabeça ou que queira aprofundar alguns pontos que possam não ter ficado tão claros. Fique tranquilo, pois esses sentimentos são perfeitamente normais, devido à quantidade de informações que são novas para você. Se achar necessário, faça uma segunda leitura e anote dúvidas para cada passagem que tiver questionamentos. Aprofunde cada ponto discutido e busque materiais adicionais para complementar a parte prática desse projeto. Deixe as informações e os conhecimentos aterrissarem no seu cérebro e, somente então, avance para o próximo capítulo.

CAPÍTULO 7

O QUE VOCÊ PRECISA GUARDAR DESTE CAPÍTULO

- ▶ A sua ideia é absolutamente inútil se você guardá-la na gaveta e não testá-la com clientes reais.
- ▶ Para testar a sua ideia de curso on-line você deve começar com um MVP, que pode ser um e-book ou uma *landing page*.
- ▶ A *landing page* é eficiente porque identifica o interesse das pessoas pelo seu curso on-line e coleta informações (dados) sobre elas, como e-mails e cliques.
- ▶ Evite usar apenas amigos e familiares como representações do mercado. Isso costuma enviesar drasticamente os dados e pode motivar decisões equivocadas. Aplique o seu MVP a um contexto realista.
- ▶ Ao disponibilizar o MVP, você colherá uma série de informações e insights para melhorar o produto e fazer a oferta dele.
- ▶ A sua oferta on-line acontece em duas fases: a pré-oferta e a oferta em si. Na fase de pré-oferta, você vai "esquentar" a audiência, construir sua autoridade, criar a sensação de escassez. Somente depois desses passos, você vai, de fato, apresentar o seu produto e oferecê-lo à audiência.
- ▶ Definir como você vai entregar o conteúdo do curso que está criando para os potenciais clientes é um fator que influencia muito no sucesso do seu negócio.

CAPÍTULO 8
Passo 4: visão em perspectiva

CAPÍTULO 8 — 141

Há uma expressão em inglês que diz *"bite off more than one can chew"* que, ao pé da letra, seria algo como "morda mais do que consegue mastigar". A expressão claramente trata de tentar dar conta de algo que não é possível ou é muito difícil de realizar. O fundador da Microsoft, Bill Gates, no entanto, faz outra interpretação dessa frase. Segundo ele, um empreendedor tende a morder um pouco mais do que consegue na esperança de aprender rapidamente como mastigar. O que queremos dizer com isso é que você deve estar se questionando se é capaz de realizar o seu sonho de empreender on-line. E a nossa resposta é: sim, você é capaz de fazer o seu empreendimento digital decolar. ==O segredo para manter o foco e a motivação, a despeito dos obstáculos que vão aparecer, é a visão em perspectiva.==

Como empreendedores na HeroSpark, estamos constantemente lidando com problemas de toda ordem. Tem abacaxis para descascar em tecnologia, nos times, na operação. Tem abacaxi para todo lado, todos os dias. Em muitos casos, a solução está mais perto do que parece. Algumas pessoas, no entanto, tendem a insistir em caminhos já conhecidos e se arriscam muito pouco, o que faz com que suas respostas para os problemas sejam paliativas. Para ser bem-sucedido, você precisa exercitar sua visão em perspectiva, a sua visão além do alcance. ==Isso vai fazer com que enxergue novos caminhos e oportunidades onde outras pessoas enxergam apenas problemas. O que queremos dizer é: seja ousado!== Problemas difíceis vão surgir e, com eles, novos caminhos de aprendizado e possíveis novos negócios.

A grande chance da Microsoft apareceu quando Bill Gates ligou para uma empresa de computadores chamada MITS.[74] Gates disse que ele e o amigo Paul Allen[75] haviam desenvolvido um intérprete Basic, uma espécie de leitor de linguagem de programação, para o microcomputador da empresa, o Altair 8800. Em 1975, Gates e Allen estavam procurando uma maneira de transformar o hobby, que era programar, em um negócio. A MITS se interessou por ver uma demonstração do software. O problema: Gates havia prometido o que ainda não existia. Mais ou menos como a oferta do seu MVP na *landing page*, certo?

Gates e Allen desenvolveram o software às pressas, apresentaram aos executivos da MITS, que gostaram do que viram e, com isso, os jovens fizeram a venda. Os dois amigos fundaram oficialmente a Microsoft um mês depois, em abril de 1975, e a receita bruta da empresa naquele ano foi de 1 milhão de dólares.[76]

Há duas lições nessa história: a primeira é que Gates criou um problema para Allen, que era o programador mais experiente da dupla. Allen, no entanto, em vez de reclamar e refutar o desafio, o

---

74 Micro Instrumentation and Telemetry Systems. In: **Wikipedia**. Disponível em: https://pt.wikipedia.org/wiki/Micro_Instrumentation_and_Telemetry_Systems. Acesso em: maio 2021.

75 LOHR, S. Paul G. Allen, Microsoft's Co-Founder, Is Dead at 65. **The New York Times**, 15 out. 2018. Disponível em: https://www.nytimes.com/2018/10/15/obituaries/paul-allen-dead.html. Acesso em: maio 2021.

76 BILL Gates and Paul Allen sign a licensing agreement with MITS. **Computing History**, jul. 1975. Disponível em: http://www.computinghistory.org.uk/det/5946/Bill-Gates-and-Paul-Allen-sign-a-licensing-agreement-with-MITS/. Acesso em: maio 2021.

CAPÍTULO 8   143

abraçou. O resultado é que o software ficou pronto a tempo e atendeu a promessa feita por Gates. A segunda lição: como empreendedor, você deve sempre se esforçar para entregar um pouco mais do que julga ser capaz. Dessa forma, irá mais longe, mais rápido em seus empreendimentos. Dito isso, não recomendamos que você siga o exemplo de Gates e Allen. O risco de ficar com uma péssima reputação ao não entregar um produto digital, antes mesmo de construir a sua autoridade, não vale a pena.

A visão em perspectiva tem a ver com a maneira como você encara os desafios no dia a dia, mas também com a compreensão de que suas ações fazem parte de uma jornada, que é composta por uma sequência de passos, e não de grandes saltos. Alguns empreendedores ficam surpresos ao perceber o quanto precisam ser resilientes e persistentes ao longo do caminho. Parece óbvio, mas, ainda assim, poucos têm esse comportamento. Uma possível explicação para isso é que parte dos empreendedores está, muitas vezes, confiante demais. O excesso de otimismo é até justificável. Afinal, se o empreendedor não acreditar no negócio, quem vai?

Mas o erro está em pensar que vão ser um sucesso imediato e explosivo. Se você buscar neste livro os exemplos de empreendedores experientes, cujos negócios são longevos, perceberá que a resiliência e a paciência são as chaves da perenidade. ==Mesmo que seu negócio seja um sucesso desde o começo, ele precisa ser construído ano após ano, etapa por etapa.==

As startups estadunidenses mais bem-sucedidas foram fundadas por profissionais com, em média, 45 anos, como mostra um amplo estudo do Instituto de Tecnologia de Massachusetts, o MIT.[77, 78] Os pesquisadores do MIT analisaram dados de 2,7 milhões de fundadores de empresas nos Estados Unidos de 2007 a 2014. "A principal conexão entre idade e sucesso é o acúmulo de experiência", afirma o pesquisador responsável pelo estudo, Daniel Kim. O estudo aponta que a Apple de Steve Jobs, a Amazon de Jeff Bezos e a Microsoft de Bill Gates atingiram seu ápice quando os fundadores tinham, respectivamente, 48, 45 e 39 anos. Isso não significa ter de esperar a maturidade para começar a empreender. Mark Zuckerberg fundou o Facebook aos 19 anos e antes dos 30 já era um dos empreendedores mais bem-sucedidos do mundo. Mas o segredo dos mais velhos, além da experiência, é a visão em perspectiva.

Aprenda a fazer as perguntas certas

Uma das possíveis vantagens dos empreendedores mais maduros é a visão em perspectiva, que dá a eles a chance de tirar maior proveito, no novo negócio, das experiências profissionais

---

[77] AZOULAY, P.; JONES, B. J.; MIRANDA, D. K. J. Age and High-Growth Entrepreneurship. **NBER Working Paper Series**, abr. 2018. Disponível em: https://www.nber.org/system/files/working_papers/w24489/w24489.pdf. Acesso em: maio 2021.

[78] SOMERS, M. The 20-year-old entrepreneur is a lie. **MIT Sloan School**, 20 abr. 2018. Disponível em: https://mitsloan.mit.edu/ideas-made-to-matter/20-year-old-entrepreneur-a-lie. Acesso em: maio 2021.

anteriores. Os empreendedores mais velhos provavelmente são mais habilidosos nos questionamentos que fazem ao lidar com os problemas do dia a dia. Sendo assim, gastam menos tempo para identificar dificuldades, o que torna possível agir com maior velocidade para encontrar a solução. Isso não quer dizer que, se você é um empreendedor mais jovem, não possa aprender essas habilidades. Na verdade, agora que você já as conhece, comece a praticá-las!

A real é que, no dia a dia do empreendedor, quando se trata de resolução de problemas, cada situação é diferente, portanto requer uma abordagem distinta. Por isso, aprender a fazer as perguntas certas é fundamental. Alguns desafios que surgem nos negócios, como lançar um novo produto on-line, podem ser muito difíceis e as soluções podem exigir muito mais reflexão e análise. Outras questões, como montar a *landing page* para fazer o MVP do seu curso, podem ser muito simples, e você pode resolvê-las facilmente. Independentemente de quão grande ou complexo for um problema, você sempre precisará encontrar uma solução viável.

É claro que há técnicas para descascar os abacaxis que você vai encontrar no dia a dia. Aqui estão as seis habilidades de resolução de problemas que qualquer empreendedor deve dominar.

1. Pensamento lateral

Pensamento lateral é um termo criado em 1967 pelo psicólogo e professor maltês Edward de Bono,[79] um dos pioneiros em técnicas para treinar o cérebro na resolução de problemas. O professor De Bono trabalhou em grandes empresas, como IBM, DuPont, Prudential e AT&T, sempre dedicando-se a ajudar as pessoas a melhorar suas habilidades de raciocínio e criatividade. Mais tarde, lecionou nas universidades de Oxford, Cambridge, Harvard, entre outras.

"[Ao avaliar um problema ou questão] assumimos certas percepções, certos conceitos e certos limites",[80] explica De Bono. "O pensamento lateral está preocupado não em brincar com as peças existentes, mas em buscar mudar essas mesmas peças", diz ele. É a arte de reformular as questões, atacando os problemas de lado, mais ou menos como um hacker faz quando está diante de um impasse. Ao adotar essa perspectiva, novas soluções vão emergir.

A Apple virou o mundo da tecnologia de ponta-cabeça ao simplificar radicalmente a forma como apreciamos música e a maneira como interagimos com o computador ao criar o mouse. Quando olhamos para grandes invenções e soluções ao longo da

---

[79] Você pode conhecer mais sobre Edward de Bono em seu site oficial. Disponível em: https://www.edwddebono.com/. Acesso em: maio 2021.

[80] BONO, E. de. **Lateral Thinking**: Creativity Step by Step. New York: Harper Perennial, 2015.

história – aquelas que tornam o que veio antes instantaneamente obsoleto –, vemos que elas foram criadas a partir de técnicas como o pensamento lateral. Ao abordar problemas, experimente usar as técnicas abaixo, que estão ligadas ao pensamento lateral.

- **Liste as suposições:** Quando confrontado por uma questão ou um desafio, escreva as suposições inerentes ao problema que quer responder.
- **Mapeie as soluções convencionais:** Em seguida, pergunte a si mesmo: "Como uma pessoa comum abordaria este problema?". Mapeie as soluções óbvias e diretas. Então, pergunte-se: "E se eu não puder seguir esse caminho?". Busque soluções para essa questão, se achar necessário.
- **Questione a pergunta:** Pergunte a si mesmo: "E se eu pudesse reescrever a pergunta?". Reorganize as peças, como sugere De Bono, para formar um novo cenário.
- **Pense de trás para a frente:** Agora busque retroceder. Frequentemente, o caminho para a solução de um problema é revelado quando você começa com a solução primeiro e pensa de trás para a frente.
- **Mude de perspectiva:** Finalmente, a inovação geralmente acontece quando pessoas de fora entram em um mercado ou setor novo. Isso acontece porque novas perspectivas ignoram as convenções. Faça de conta que você é outra pessoa, vista outro chapéu, como se diz, e tente abordar o desafio com uma nova perspectiva.

2. Raciocínio crítico

Quando enfrentamos um problema, a maioria de nós tende a tomar decisões com pressa. Simplesmente executamos a primeira ideia que vem à mente, sem parar para pensar sobre o assunto em questão. O pensamento crítico é o processo de digerir o problema e, de maneira lógica, fazer um julgamento. Ao usar essa técnica, você analisa todos os fatores que estão relacionados ao problema e tem maior chance de chegar a uma conclusão adequada.

3. Iniciativa

Ter iniciativa é fundamental para se tornar um empreendedor de sucesso. Não é apenas importante na aquisição de clientes, mas também ajuda na hora de resolver um problema. Qualquer bom empreendedor sabe como usar a iniciativa para buscar boas soluções para os problemas.

4. Persistência

Como mencionamos, os problemas surgem de maneiras diferentes. Alguns são técnicos, outros são relacionados a finanças, operações, pessoas. Na maioria dos casos, quanto mais complexo o problema, mais pensamento crítico e persistência são necessários. Ser persistente não significa fazer a mesma coisa repetidamente e esperar resultados diferentes. Você precisa ser sábio em sua tomada de decisão e estar determinado a alcançar o melhor resultado por meio de avaliações constantes.

5. Adaptabilidade

Adaptabilidade é a capacidade de ter a mente aberta a novas oportunidades e mudanças. ==Você deve ser capaz de mudar de ideia para se adequar a diferentes situações ou circunstâncias.== Ao tentar resolver um problema, nem todas as soluções que você experimentar funcionarão. Quando isso acontecer, provavelmente ficará bastante frustrado. E então a solução é ser flexível, é se adaptar, é buscar outra abordagem.

6. Autodisciplina

Finalmente, quando se trata de resolver problemas, você precisa estar focado e ser disciplinado. Independentemente de quão bom você é em resolver problemas diferentes, seus esforços podem não dar frutos se você não tiver autodisciplina. Essa é a capacidade de se controlar e permanecer focado em encontrar as respostas certas. Avaliar situações constantemente e pensar criticamente sobre elas exige um certo nível de disciplina que você deve desenvolver para ter sucesso. Por ser autodisciplinado, você será capaz de permanecer no caminho sem se distrair com nenhum fator externo. Essa habilidade também o ajuda a estar totalmente comprometido em encontrar as melhores soluções a cada novo problema que surgir.

À medida que avançar na sua jornada, você vai se deparar com desafios mais complexos. Existe uma imagem de glamour em torno do ato de empreender e da figura do empreendedor. Não se engane: o dia a dia é feito de uma série de abacaxis que você terá de descascar. O mais importante é manter o foco na sua missão e ter visão em perspectiva, pois é ela que vai ajudá-lo a superar as barreiras que encontrar no caminho.

Tenha em mente sempre a ambição que o motivou a iniciar esse caminho, o seu grande projeto. Saiba dar um passo para trás, se distanciar do problema, quando achar necessário, para ver as coisas com mais clareza.

Só então decida como agir diante do problema. Depois, bola para a frente.

Ao colocar em prática a sua visão em perspectiva, você ficará surpreso ao ver como alguns problemas que considerava difíceis acabam sendo bem mais fáceis de solucionar.

CAPÍTULO 8 / **151**

O QUE VOCÊ PRECISA GUARDAR DESTE CAPÍTULO

▶ A primeira coisa é que, à medida que avançar com o negócio on-line, você vai se deparar com desafios cada vez mais complexos, além dos problemas que terá no dia a dia. Mas lembre-se: "*bite off more than one can chew*". Você é capaz.

▶ Parte de ser um ótimo solucionador de problemas é saber como avaliar cada situação.

▶ Aprenda a fazer as perguntas certas e a olhar para as possíveis soluções de maneira holística, colocando as coisas em perspectiva, analisando como suas opções afetarão você ou o seu negócio ou ambos.

▶ Quando os desafios o colocarem para baixo, lembre-se do seu grande sonho. O seu projeto precisa ser construído pedacinho por pedacinho, como se fossem peças de um quebra-cabeça que você vai montando. A figura final, você já sabe qual é. Então, foco na missão e no que sonha em construir!

CAPÍTULO 9
Passo 5: determinação implacável

Começar um negócio é como escalar uma montanha: fica cada vez mais difícil conforme se avança, e é nessa hora que os vilões procrastinação e terceirização da culpa aparecem. É comum surgirem questionamentos e emoções tentando minar seu ímpeto empreendedor. A sacada é seguir a despeito desses pensamentos. Continue escalando. Imagine-se percorrendo a cordilheira do Himalaia, onde ficam duas das montanhas mais altas do planeta, o Monte Everest e o K2.

Empreender no digital pode ser tão difícil quanto escalar o K2, a montanha mais perigosa do mundo. Com 8.611 metros, a segunda mais alta do mundo – só perde para o Everest (8.849 metros) – é a campeã no quesito perigo. Para cada dez alpinistas que começam a jornada rumo ao topo do K2, dois morrem no meio do caminho.[81] No mundo dos novos negócios digitais, a estatística é ainda mais cruel:[82]

▶ Pelo menos 25% das startups morrem com um tempo de vida menor ou igual a um ano;

▶ Pelo menos 50% morrem com um tempo de vida menor ou igual a quatro anos;

---

81 WOODWARD, A. At least 11 people died on Mount Everest last week. But it's just the 10th-deadliest mountain in the Himalayas. **Business Insider**, 30 maio 2019. Disponível em: https://www.businessinsider.com/mount-everest-10th-deadliest-mountain-himalayas-2019-5#k2-or-mount-godwin-austen-is-just-778-feet-shorter-than-everest-the-mountaineer-george-bell-once-said-k2-is-a-savage-mountain-that-tries-to-kill-you-2. Acesso em: maio 2021.

82 ARRUDA, C.; NOGUEIRA, V.; COZZI, A.; COSTA, V. Causas da mortalidade de startups brasileiras. **Sebrae**, 2015. Disponível em: http://ois.sebrae.com.br/publicacoes/causas-da-mortalidade-de-startups-brasileiras/. Acesso em: maio 2021.

▶ Pelo menos 75% morrem com um tempo de vida menor ou igual a treze anos.

Os números mostram como ser bem-sucedido ao empreender no digital fica mais difícil à medida que se avança na jornada. Isso porque, conforme se cresce, o mercado fica mais competitivo. Retomemos a analogia de escalar uma montanha, pois ela pode muito bem ser comparada com a jornada empreendedora. Para chegar à base da montanha K2, é preciso percorrer, por sete dias, quase 100 quilômetros de trilha – e um detalhe: a pé. E enquanto o Everest é habitado até os 5 mil metros de altitude, no K2 as últimas vilas estão a 3 mil metros. Ou seja, para começar a escalada já é preciso vencer uma série de perrengues. Algo que você já deve ter descoberto a esta altura do campeonato. Mas as coisas sempre podem ficar piores.

Diferentemente do Everest, que tem bosques e até algumas cachoeiras no percurso, o K2 é uma montanha muito árida. "Não há água potável. É um ambiente desolador, o que torna a subida ainda mais difícil psicologicamente", conta Waldemar Niclevicz, o primeiro brasileiro a vencer o pedregulho e autor do livro *Um sonho chamado K2*.[83, 84] Para vencer a jornada rumo ao topo é

---

83 WALDEMAR Niclevicz. In: **Wikipedia**. Disponível em: https://pt.wikipedia.org/wiki/Waldemar_Niclevicz. Acesso em: maio 2021.

84 WALDEMAR, Niclevicz. **Um sonho chamado K2:** a conquista brasileira da Montanha da Morte (Coleção Viagens Radicais). São Paulo: Record, 1997.

preciso superar encostas de gelo e rochas expostas; trechos de alta inclinação, nos quais nem a neve consegue parar; e paredões de até quase mil metros, muitos deles com inclinações negativas. Para quem viu o filme *Limite vertical* (dirigido por Martin Campbell, 2000), que usou o também enorme monte Cook/Aoraki, na Nova Zelândia, para retratar o K2, fica fácil imaginar o drama da subida.

O ponto que queremos destacar com a analogia da escalada do K2, caso não tenha ficado claro ainda, é que empreender no digital é uma jornada difícil. Para superar os desafios que vão aparecer você vai precisar, além da visão em perspectiva, do que chamamos de determinação implacável. Ao longo do caminho rumo ao sucesso como empreendedor digital, alguns vão interromper a jornada quando ainda estiverem na base, assim como os alpinistas que conseguem apenas admirar o K2 do chão – para chegar lá é necessário caminhar por uma semana nas condições que já descrevemos. Outros, e esperamos que você esteja nesse grupo, vão querer subir até o topo.

O empreendedor é como um escalador que busca desafios a todo o momento. O esforço é grande, mas, quando se chega ao topo, o retorno é enorme. Empreender requer paixão por fazer, desenvolver ideias novas e ter foco para colocar em prática sonhos que se transformem em resultados. É preciso coragem para correr riscos e superar pequenos fracassos. Mas acima de tudo, é preciso ter determinação implacável, uma crença extrema no seu projeto capaz de fazer você curtir a jornada mesmo diante dos problemas e sacrifícios, especialmente no início.

Nenhum empreendedor tem todas as características e competências necessárias para ter sucesso na jornada digital, e elas nem mesmo precisam ser natas, algumas podem ser desenvolvidas ao longo do caminho. Neste livro, você conhecerá alguns casos de empreendedores que acompanhamos, pessoas comuns como você, que foram capazes de tirar o sonho do papel ou da planilha do computador e hoje estão ensinando o que curtem e sabem fazer para muitas pessoas no digital. Nós continuamos próximos deles, da mesma forma que vamos estar por perto à medida que você crescer – ou escalar como se diz no mundo das startups – com seu negócio on-line.

Para concretizar sua jornada rumo ao topo dos cursos on-line, antecipamos alguns desafios que você terá pela frente. Munido de determinação implacável, você tem tudo para tirar esses desafios de letra, como se diz. No capítulo anterior falamos sobre como montar e lançar uma oferta, um gostinho que você terá quando testar (se já não testou!) o seu MVP, usando para isso uma *landing page*, como mostramos. Ao lançar a sua oferta, você começará a perceber que no ambiente digital há variadas ofertas de cursos. Com uma competição tão massiva, como o seu vai se destacar para que as pessoas escolham a sua oferta em detrimento de outras? Conheça os desafios mais comuns que você enfrentará ao fazer seu curso on-line e como superá-los para começar a ter lucro – o primeiro indicador que você está no caminho certo rumo ao topo.

Como se conectar ao cliente ideal

A primeira e mais importante etapa na comercialização de seu curso on-line é conhecer o comprador ideal. A partir do MVP, o teste que fez com o piloto do seu curso on-line, você terá informações de potenciais clientes, aprenderá como entrar em contato com eles e terá uma melhor visão das necessidades deles. Um erro comum que você deve evitar a todo custo é tentar comercializar seu produto on-line para todos. Conectar-se com todos significa não se conectar com ninguém.

Falando sobre necessidades do seu cliente, a maneira convencional de comercializar produtos é criando demanda, vendendo o quão incrível é o seu trabalho e por que o seu curso on-line é melhor do que o dos rivais. O problema dessa abordagem é que a maioria dos compradores não sabe distinguir os produtos que estão sendo oferecidos na internet. As pessoas estão perdidas no mercado avassalador de ofertas e nem sabem do que precisam ou o que querem. ==Portanto, em vez de vender algo que eles nem sabem de que precisam ou se querem, você deve explorar um desejo existente. De que seus clientes realmente precisam?==

A resposta é: resultados! Pergunte a si mesmo como o seu curso on-line pode resolver os problemas do cliente. A partir daí, posicione o seu produto de maneira que dê aos compradores o que desejam ter. Quem compra comida? Pessoas famintas. O que seus compradores procuram? Certifique-se de que seu curso on-line oferece isso a eles. A próxima pergunta a fazer é: como o seu cliente ideal está resolvendo o problema que tem atualmente? Posicione-se como especialista no assunto e observe as lacunas no processo já existente.

Aperfeiçoe a sua oferta. Essas rotinas agregam maior valor ao produto. Afinal, você está adaptando sua abordagem à necessidade do cliente. Ao fazer isso, fica mais fácil conectar-se com o comprador. Por último, defina o canal de conexão: postagem em blog, post em redes sociais, lista de e-mails... Descubra o que funciona melhor para o cliente e, quando fizer isso, acelere o processo de comunicação para estreitar a conexão, até que faça a venda. Importante: você não quer estressar o seu comprador. Portanto, um ponto-chave é observar as respostas dele à medida que for aumentando a frequência de seus posts e e-mails de oferta.

Como encontrar o nicho perfeito – ou então criar um

Quanto mais específica for a sua oferta, melhor. Isso significa que, mais do que identificar as necessidades do cliente, você quer encontrar um segmento particular de pessoas com a mesma dor, com o mesmo problema. Por exemplo, em sua pesquisa você identificou que o seu cliente não sabe construir um blog. Agora, precisa ir mais fundo. Portanto, em vez de oferecer um curso on-line sobre "Como construir um blog", seja mais específico. Como? Oferecendo um curso sobre "Como construir um blog com o WordPress".[85]

Você também pode "criar um nicho" ao examinar necessidades específicas de uma audiência interessada no seu tema. Por exemplo, pode direcionar o seu curso on-line para o segmento de médicos. Algo como "Como criar um blog médico com WordPress". Por último, se você consegue provar por meio de dados de pesquisas que, utilizando a sua solução, o seu cliente ganhará mais exposição e autoridade ou aumentará a sua clientela, você tem tudo para ir bem.

Como definir o preço certo para obter o máximo de lucro

De todos os desafios, a decisão de qual preço cobrar é uma das mais desafiadoras que os criadores de cursos on-line enfrentam. Muitos ficam presos nessa etapa porque o preço determina todos os aspectos da trajetória do seu projeto. Isto é: o dinheiro que você

---

[85] WordPress é a plataforma mais indicada para quem deseja criar um blog profissional. Leia também o texto "Como criar um blog". Disponível em: https://herospark.com/blog/como-criar-um-blog/. Acesso em: maio 2021.

gastará com anúncios on-line (se optar por fazer isso), os tipos de alunos que vai atrair e, claro, o lucro que terá.

Cobrar pouco diminuirá o valor percebido do seu curso on-line. Cobrar caro provavelmente impedirá uma parcela de potenciais clientes de comprá-lo. Como você está começando no negócio, pode cair na tentação de vendê-lo muito barato. No entanto, deve resistir a isso.

Quer vender sua limonada? Procure por pessoas sedentas. Embora realmente existam pessoas dispostas a vasculhar informações gratuitas on-line, também existem aquelas que estão dispostas a pagar por um conteúdo relevante embrulhado em uma fita vermelha. Elas ficarão contentes em pagar pelo privilégio de acessar o seu conhecimento e a sua experiência – contanto que você tenha feito seu trabalho com esmero e seguindo todos os passos do nosso método. Além disso, vender um curso on-line, independentemente do preço, exigirá esforço. Portanto, prefira não oferecer um curso muito barato.

Importante: quanto mais alto o preço, mais qualificado tende a ser o cliente. Nesse sentido, é fundamental garantir que o seu conteúdo tenha qualidade e resolva questões desse perfil de audiência. Se você está inseguro com relação a fixar um preço mais alto de saída, pode utilizar uma estratégia de pré-lançamento, oferecendo um desconto por determinado período, até o lançamento efetivo (importante comunicar isso na página de oferta).

Por último, o preço do seu produto on-line deve ser baseado no valor que oferece ao cliente e nos benefícios colhidos por ele ao fim do curso. Lembre-se: você está oferecendo soluções para os problemas do cliente. Isso inclui o treinamento, o suporte que dará ao aluno (por exemplo, com sessões on-line para tirar dúvidas) e o que você agrega com a sua experiência no assunto. Não baseie o preço na duração do curso. Mais uma vez, fixe o valor do seu produto com base na qualidade da sua oferta. Se você pode ensinar uma habilidade em duas horas, não segure seus alunos por cinco.

Verifique seus concorrentes, mas não baseie seu preço nos cursos deles. Você faz isso para validar o mercado. Verifique sua autoridade, construa seu nome até ser percebido como um especialista na área. Isso tem um impacto enorme no preço que é capaz de cobrar pelo seu curso.

Onde hospedar seu curso on-line

Agora que você tem um curso específico em mente voltado para determinado público e com o preço certo para gerar lucro, está pronto para fazer barulho no mercado. Mas exatamente como você fará isso? É necessário planejar como entregará seu conteúdo (distribuição, lembra-se?). Colocar o curso que você preparou e planejou com suor e lágrimas em qualquer lugar será uma perda de tempo e esforço. Nesse ponto, nós podemos ajudar você com o que há de melhor no mercado. Afinal, é o que fazemos diariamente na HeroSpark: ajudar empreendedores digitais a escalar suas vendas.

A HeroSpark é uma plataforma completa para criar e vender produtos digitais, com boas opções para quem está iniciando.[86] Com a nossa plataforma, você será capaz de criar as páginas de captura das suas ofertas, automatizar e-mails ao longo da jornada do aluno e tudo isso com vários exemplos prontos de páginas de venda dentro da ferramenta. Mas claro, há também outras opções disponíveis no mercado. Um exemplo são os *marketplaces* de cursos on-line.

Os mercados de cursos on-line, embora sejam de propriedade privada, estão abertos ao mundo. Eles funcionam como supermercados. São como o Walmart para cursos on-line. Eles oferecem diversas variedades e tipos de curso. O que você busca nessa área é o tráfego de usuários. Como muitas pessoas visitam esses enormes sites, você tem mais chance de conseguir uma fatia da audiência. O risco, no entanto, é o seu curso ficar de escanteio, uma vez que o tráfego pode ser grande, mas não necessariamente formado pelo seu público-alvo.

---

[86] Saiba tudo sobre a nossa empresa no link: https://herospark.com/. Acesso em: maio 2021.

Para o alto e avante!

Como pode ver, são muitas as decisões sobre qual caminho seguir. Cada uma delas vai colocá-lo diante de novos desafios.

Como empreendedor digital, você não terá espaço para procrastinação ou indecisão e, acima de tudo, deverá ter confiança em si mesmo para ter a capacidade de enfrentar desafios diários.

Você também trabalhará muito. No início, porque você é quem vai fazer tudo. Depois, à medida que o negócio crescer em nível de complexidade, mesmo contando com uma equipe de apoio, você é quem deve decidir qual rota deve ser seguida.

O que vai mantê-lo motivado na jornada é a determinação implacável em continuar rumo ao topo. Conforme conquistar novos alunos, você terá a mesma sensação de satisfação experimentada pelos alpinistas que chegam ao cume do K2. Para o alto e avante!

O QUE VOCÊ PRECISA GUARDAR DESTE CAPÍTULO

▶ Começar um negócio on-line é como subir uma montanha. À medida que avança, a jornada fica ainda mais difícil. Para superar os desafios que vão aparecer, você vai precisar, além da visão em perspectiva, do que chamamos de determinação implacável.

▶ Determinação implacável é uma crença extrema no seu projeto. Ela é capaz de fazer você curtir cada etapa mesmo diante dos problemas e sacrifícios, especialmente no início.

▶ Vimos neste capítulo os obstáculos mais comuns que você vai enfrentar ao fazer seu curso on-line e como superá-los para começar a ter lucro. Revisite os pontos para compreendê-los totalmente.

▶ Lembre-se: nenhum empreendedor tem todas as características e competências necessárias para ter sucesso na jornada digital. Persevere no seu plano e procure ter a mente sempre aberta para novos aprendizados. Com isso, você tem tudo para tirar os desafios de letra.

CAPÍTULO 10
Passo 6: desapego seletivo

CAPÍTULO 10

Montar um novo negócio não é tarefa fácil. É uma jornada que requer o máximo de nossa energia mental, física e psicológica. Muitos autores de livros de negócios comparam o ato de empreender com o de correr uma maratona. Esse papo, no entanto, vale para os teóricos que estudam empresas. Uma maratona tem a linha de partida; um pouco mais de 42 quilômetros de muito esforço, desgaste, dificuldade e resistência; e, depois disso, a linha de chegada. Mas montar um negócio é uma maratona que não termina nunca. Como empreendedores, concordamos em dar um passo à frente na linha de fogo e dar um passo para trás em tempos de celebração. No entanto, é necessário um outro superpoder para manter a consistência ao longo do tempo sem ficar cansado: o desapego seletivo.

O desapego seletivo é uma das coisas mais difíceis de se fazer, provavelmente porque vai contra a nossa necessidade primordial de nos sentirmos seguros, amados e bem-sucedidos. ==Durante a maior parte da nossa jornada empreendedora, nos orgulhamos da perseverança implacável diante dos obstáculos e da recusa em desistir de qualquer objetivo ou cliente que estivéssemos buscando.== A sensação de desapegar de algo que, para nós, era uma missão de vida parecia um fracasso, algo insuportável.

Somos ambos extremamente competitivos e comprometidos. Inicialmente com a empresa que fundamos – a Eadbox, no caso do Nilson Filatieri, e a Edools, no caso do Rafael Carvalho –, e, mais tarde, com a HeroSpark, criada a partir da junção dos dois negócios. Aliás, a fusão das empresas para formar um único empreendimento foi o maior exercício de desapego seletivo que fizemos na vida, pois cada um de nós precisou renunciar ao negócio que criou e construiu a duras penas, junto de muita gente boa, para criar um sonho coletivo, um novo negócio. A decisão de unir esforços, no entanto, tem se mostrado acertada.

Olhando para trás, lembrando de quando cada um de nós estava começando o próprio negócio, tal como você está fazendo agora, não resta dúvida de que foi a capacidade de administrar muitas coisas ao mesmo tempo que influenciou o sucesso que tivemos como empreendedores. No fundo, superar todas as barreiras necessárias para manter a empresa de pé e avançar com ela consome uma energia enorme. Ao mesmo tempo que pode afetar sua capacidade de decisão em algumas situações, forçamos a barra para garantir algo que acreditamos querer apenas para descobrir, tarde demais, que havia uma boa razão para que isso não acontecesse. A resistência é um sinal de alerta precoce.

Um exemplo: às vezes você força uma venda porque quer conquistar um cliente, ainda que ele não seja seu público-alvo. Você está mirando o ganho financeiro, pois sabe que precisa do dinheiro para manter o negócio rodando. Esse cliente, que não é o seu perfil ideal, muito provavelmente não vai capturar os benefícios que sua solução propõe. Lembre-se de que quando estava criando o seu curso on-line, todo o desenho de conteúdo e de matérias que preparou tinha como proposta endereçar uma dor particular da audiência que você definiu.

Ao forçar essa venda em busca de recompensa financeira, você venceu a resistência (as objeções do cliente). No entanto, trouxe um comprador que, possivelmente, vai ficar insatisfeito e, por isso, pode se tornar um detrator, isto é, alguém que, além de não recomendar o seu produto, vai falar mal dele. A resistência desse cliente em comprar o produto deveria ter soado como um sinal de alerta precoce, porém você estava muito focado em fazer a venda. O desapego seletivo tem a ver com compreender que nem toda batalha vale a pena e que muitas vezes é preciso se desprender de um objetivo para conquistar algo maior no futuro.

Não nos entenda mal. Não estamos sugerindo que a maneira de construir um negócio seja recusando oportunidades. Entretanto, alertamos que nem toda oportunidade faz sentido. ==Nem toda batalha tem a mesma importância. Nem todo plano vai levar o seu negócio ao próximo nível. Deixar de lado clientes fora do seu público-alvo ou clientes indiferentes libera tempo e energia para investir em quem tem verdadeira necessidade e apreço pelo seu produto.== Esses clientes vão se tornar seus embaixadores. Ser desapegado não significa fracassar em uma meta. Tem a ver com a ideia de, cuidadosamente, priorizar uma atividade ou um objetivo em detrimento de outro maior – e aceitar o sacrifício.

O que torna difícil se desapegar de qualquer coisa quando se está começando um negócio é a suposição de que sentiremos uma sensação duradoura de perda. "Supervalorizamos os eventos negativos", escreveu o psicólogo Daniel Gilbert em seu livro *Stumbling on Happiness*, que, no Brasil, levou o nome de *O que nos faz felizes*.[87] "Mas eles [os eventos negativos] geralmente não nos afetam tanto ou por tanto tempo quanto imaginamos. Nada é tão importante quanto parece no calor do momento." Quando estiver diante de uma decisão e não se sentir seguro sobre se deve ou não se desapegar do que estiver na balança, faça estas quatro perguntas a si mesmo:

▶ Tenho a sensação de que este esforço não vai render frutos?
▶ Quão importante isso parecerá para mim em seis meses?
▶ Quão importante isso parecerá para mim em um ano?
▶ Existe uma maneira mais produtiva de investir meu tempo e energia agora?

Se a resposta às questões 1 e 4 forem "sim", ou se as respostas para as perguntas 2 e 3 forem "não muito", é hora de relaxar e exercer o desapego seletivo. Coloque sua energia em outro lugar, pois as chances de você obter um retorno maior serão enormes.

---

87 GILBERT, D. **O que nos faz felizes**. Rio de Janeiro: Campus, 2006.

O QUE VOCÊ PRECISA GUARDAR DESTE CAPÍTULO – ALÉM DO RESUMO DO NOSSO MÉTODO

Com o desapego seletivo, concluímos a apresentação do método que organizamos ao longo dos anos acompanhando empreendedores em suas jornadas para o digital. O nosso método foi minuciosamente pensado para aumentar as chances de sucesso no digital de qualquer pessoa que decida empreender on-line tendo como base a sua área de conhecimento. Vamos recapitular rapidamente o conteúdo que percorremos até aqui e os pontos centrais da metodologia.

Passo 1: Lance o seu conhecimento no mundo

Tenha bem claro o seu objetivo: montar um primeiro esboço, um piloto, do curso on-line que você quer lançar no digital, tendo você como professor. Nessa etapa, você vai se deparar com duas questões fundamentais:

- ▶ O que fazer primeiro?
- ▶ Qual o nível de engajamento que este projeto exige?

Para responder a essas questões você vai precisar encontrar o seu Superpoder. Lembre-se: o seu Superpoder está na intersecção de três elementos: a Paixão, a Competência e o Talento.

Passo 2: Disciplina inteligente

Quando alguém é muito bom em determinada atividade, o que realmente o torna bom? Mostramos que o que distingue as pessoas que são bem-sucedidas naquilo que se propõe a fazer é a capacidade de criar rotinas para simplificar o dia a dia. A disciplina inteligente está relacionada a compreender como ganhar velocidade nas coisas que vão realmente fazer a diferença na sua vida e na de outras pessoas.

Passo 3: Como validar a sua ideia

A sua ideia de curso on-line é absolutamente inútil se você guardá-la para si mesmo e não a testar com clientes reais. Vimos como é importante experimentar a sua ideia de curso por meio de um produto mínimo viável, um MVP. Para isso, aprendemos que criar uma *landing page*, uma página de aterrissagem, pode ser uma ótima alternativa. É importante você não ficar preso nessa etapa por causa de barreiras tecnológicas. Reforçamos que a HeroSpark é uma aliada nesse processo e você pode e deve contar conosco.

Passo 4: Visão em perspectiva

Para ser bem-sucedido, você precisa exercitar sua visão em perspectiva, a sua visão além do alcance. Isso vai fazer com que enxergue novos caminhos e novas oportunidades onde outras pessoas enxergam apenas problemas.

Passo 5: Determinação implacável

Começar um negócio é como subir uma montanha. Empreender no digital fica mais difícil à medida que você avança na jornada. Isso porque, conforme cresce, o mercado fica mais competitivo. Para superar os desafios que vão aparecer, você vai precisar, além da visão em perspectiva, do que chamamos de determinação implacável. O empreendedor é como um escalador que busca desafios a todo o momento. O esforço é grande, mas, quando se chega no topo, o retorno é enorme.

Passo 6: Desapego seletivo

A arte de escolher as suas batalhas é fator crítico de sucesso no curto, no médio e no longo prazo. O desapego seletivo é o superpoder para manter a consistência ao longo do tempo sem ter um *burnout*.

Você conhecerá a seguir as histórias de empreendedores que, como você, eram profissionais inquietos e tinham o desejo profundo de começar o próprio negócio. Alguns deles empreenderam inicialmente fora da internet. No entanto, depois de algum tempo, perceberam que podiam chegar mais longe e impactar mais pessoas com o que sabem e amam fazer investindo no digital. Acompanhamos de perto todas essas jornadas e, por isso, temos plena convicção de que, se realmente acredita que empreender on-line é para você, que tem um conhecimento, uma experiência ou domina uma técnica que pode beneficiar outras pessoas, você deve ir em frente. Aja como os empreendedores que estão apresentados nas próximas páginas: faça acontecer!

CAPÍTULO 11
A hora de começar é agora

CAPÍTULO 11

É importante que se aproprie do método para acelerar seus primeiros passos. Ao longo dos anos, vimos que empreendedores bem-sucedidos em escalar seus empreendimentos on-line melhoram passo a passo conforme começam a colocar em prática os ensinamentos e as metodologias que acabamos de compartilhar com você. Neste capítulo, você vai conhecer as histórias de profissionais de diversas áreas: médico, profissional da educação física, veterinário, churrasqueiro... pessoas que criaram o próprio negócio ou, então, uma nova fonte de receita ao compartilhar o que sabem na internet.

==Ter senso de urgência é importante para que você não adie seus planos após concluir a leitura deste livro.== Já conversamos sobre como a tecnologia evolui a passos larguíssimos, sobretudo a partir da segunda metade do século passado. No entanto, foi na virada do milênio que os avanços tecnológicos ganharam ritmo, intensidade e abrangência inimagináveis. Essa transformação digital está mudando radicalmente as relações de consumo, de trabalho, de ensino, enfim, o nosso jeito de viver. Outras mudanças, ainda mais velozes e disruptivas, estão por vir. Como disse e escreveu o engenheiro estadunidense Peter Diamandis, criador da Singularity University, a era de transformações exponenciais está apenas começando.[88]

---

88 DIAMANDIS, P. Exponential Growth Will Transform Humanity in the Next 30 Years. **Inova Consulting**, 15 jan. 2017. Disponível em: https://www.inovaconsulting.com.br/wp-content/uploads/2017/02/Exponential-Growth-Will-Transform-Humanity-in-the-Next-30-Years-1.pdf. Acesso em: maio 2021.

Com isso, o modelo de ensino tecnicista[89] do século XX, que predomina até hoje, definitivamente não prepara mais ninguém para o trabalho e para a vida do século XXI. Mas qual é o modelo que funciona? Na verdade, nenhum. Tentar achar um padrão que sirva para todos e para todas as situações é um esforço inútil. Precisamos mudar nosso modelo mental. A única maneira de se preparar para os desafios constantes e voláteis decorrentes da revolução digital é romper com as amarras das convenções e entender que o hábito de estudar e aprender é um projeto de longo prazo. Vimos também que, nesse sentido, a expressão em inglês "*lifelong learning*", ou aprendizado ao longo da vida, ganhou relevância dentro do contexto.

O aprendizado contínuo se tornou um imperativo dos novos tempos, como bem expressou a revista inglesa *The Economist* em sua capa.[90] Adquirir novas habilidades para substituir as que se tornam obsoletas virou uma obsessão entre empregados e empregadores. A palavra "habilidade" em inglês é *skill*. Daí vem o termo *skilling*, que, apesar de não ser parte oficial do dicionário da língua inglesa, vem sendo utilizado para temas que dizem respeito a tornar-se hábil em algo ou a se desenvolver. Dois de-

---

89 "A Pedagogia Tecnicista se preocupa exclusivamente em preparar um futuro trabalhador, não torna o estudante um sujeito crítico. Trata-se de uma aprendizagem controladora, que impede o crescimento pessoal do aluno". Fonte: **Brasil Escola**. Disponível em: https://monografias.brasilescola.uol.com.br/educacao/niilismo-pedagogia-tecnicista.htm. Acesso em: maio 2021.

90 Você pode conferir a capa dessa edição do **The Economist** em: https://www.economist.com/weeklyedition/2017-01-14. Acesso em: maio 2021.

rivados de *skilling* tomam cada vez mais espaço quando falamos sobre o profissional da era da inovação: *reskilling* e *upskilling*.

Ambos pressupõem um esforço voltado para o desenvolvimento e estão em alta principalmente porque a velocidade com que as inovações e tecnologias evoluem – a digitalização, automação e inteligência artificial, por exemplo – faz com que profissionais como você tenham de se atualizar constantemente. Viu como, por diferentes vias, caímos na necessidade do aprendizado contínuo? ==É justamente devido à necessidade de mais gente precisar aprender ao longo da vida que a procura por cursos on-line, de extensão ou aprimoramento, tornou-se uma febre.==

E é aqui que você se encaixa nesta história toda. Como repetimos ao longo do livro: as oportunidades de ganhar dinheiro com o próprio conhecimento, ensinando as pessoas, com o auxílio dos recursos que a internet disponibiliza, nunca foram tão grandes. A hora de você começar é agora! Conheça, a seguir, os casos de profissionais que perderam o medo de se expor no digital. Você vai notar que não existe bala de prata ou receita mágica para o sucesso. Apenas o treino leva ao êxito. É preciso fazer, fazer e fazer, aprendendo com os próprios erros e evitando ao máximo repeti-los.

As histórias que você vai conhecer são de homens e mulheres que estão desbravando um mundo novo – expandindo seus horizontes profissionais, ganhando dinheiro na internet, construindo um novo negócio e um novo futuro para si. Inspire-se nesses casos e comece você também a tirar suas ideias e seus planos da caixola para colocá-los on-line.

De um projeto paralelo a um dos maiores sites de atualização em cardiologia

O que começou oficialmente no dia 22 de novembro de 2010, como um projeto paralelo de três médicos residentes de cardiologia, se tornou um dos maiores canais on-line de atualização em diagnósticos e tratamentos de doenças do coração. O CardioPapers é hoje um site, um canal no YouTube e um perfil no Instagram.[91] Por meio deles, os médicos André Lima, Eduardo Lapa e Fernando Figuinha se tornaram referência na internet em cardiologia prática, direta e descomplicada. Com uma abordagem didática, eles ensinam e atualizam médicos de todo o Brasil com conteúdos exclusivos.

O que era um hobby se tornou um negócio de grandes proporções. O primeiro post, publicado no blog pelo dr. Eduardo, que, quando não está clinicando, assume o papel de editor-chefe do CardioPapers, foi sobre um estudo em Emphasis, tratamento da

---

[91] Você pode acessar os canais do **CardioPapers** em: https://cardiopapers.com.br/; https://www.youtube.com/user/Cardiopapers; https://www.instagram.com/cardiopapers/. Acesso em: maio 2021.

insuficiência cardíaca. "Um ano depois já éramos um dos sites de cardiologia mais acessados do país, com mais de 230 mil acessos em doze meses", comemorou o editor em uma das postagens.[92] Nesse mesmo post, o dr. Eduardo anunciou os planos para o segundo ano do CardioPapers: videoaulas sobre os mais diversos temas (cardiologia clínica, eletrocardiografia, ecocardiografia etc.), o desenvolvimento de novos aplicativos para iPhone/iPad, entre outras coisas.

Hoje, os números do CardioPapers dão uma dimensão do seu alcance. O site teve mais de 10 milhões de acessos em 2020 por usuários que navegam em mais de 1.500 posts sobre conteúdos diversos, como um que explica a diferença entre atividade física e exercício físico.[93] Os autores do CardioPapers já publicaram quatro livros, sendo um deles o mais vendido na categoria Cardiologia Profissional na Amazon. Atualmente, participam do site mais de vinte médicos colaboradores, que publicam, diariamente, conteúdos inéditos. Aliás, os sócios não param de expandir sua atuação para outras plataformas digitais. Um dos canais do CardioPapers que mais cresce atualmente é o de podcasts, disponibilizados nas principais plataformas de *streaming*, como Spotify e Apple Music.

---

92 LAPA, E. 1 ano de Cardiopapers. **CardioPapers**, 2011. Disponível em: https://cardiopapers.com.br/1-ano-de-cardiopapers/ Acesso em: maio 2021.

93 LAPA, E. 8 anos de Cardiopapers! **CardioPapers**, 2018. Disponível em: https://cardiopapers.com.br/8-anos-de-cardiopapers/. Acesso em: maio 2021.

É, no entanto, por meio da venda de cursos on-line que os médicos fazem dinheiro para reinvestir no negócio e complementar a renda. Os cursos on-line são de disciplinas diversas, como pré-operatório, eletrocardiografia, hipertensão arterial, insuficiência cardíaca e preparatórios para provas de título. Cada curso custa em torno de 5 mil reais. Embora os médicos não informem o resultado das vendas, os cursos ofertados são bem avaliados e, frequentemente, candidatos que perderam o período de inscrição pedem por novas turmas. O CardioPapers é um exemplo de hobby que se tornou um negócio. A plataforma transformou-se, em dez anos, em um instrumento de atualização essencial a todos os cardiologistas do país.

Acompanhamos de perto parte da evolução do CardioPapers, pois é um clientes da HeroSpark. Aliás, a HeroSpark já ajudou mais de 1,6 mil negócios, criou mais de 200 mil cursos e já passou da marca de 5 milhões de alunos. Nesse sentido, ainda sobre os médicos do CardioPapers, o que mais nos impressiona é como seus criadores foram pioneiros. Pense no sistema de saúde brasileiro e quanto ele usava a tecnologia a seu favor até março de 2020, quando a pandemia de covid-19 se espalhou pelo país. Quase nada, certo?

Para se ter ideia, somente 0,5% dos médicos utilizavam recursos como a telemedicina. E não é para menos: como já dissemos, as universidades ainda não preparam os alunos para esse cenário digital. Além disso, a medicina tem foco total na valorização do ser humano, do contato físico, do olhar. E isso é mesmo fundamental, claro. O que os médicos do CardioPapers mostraram é que é possível aliar tecnologia e saúde de maneira construtiva, didática e prática. Graças a eles e aos mais de vinte médicos que hoje se dedicam à plataforma compartilhando os próprios conhecimentos, mais profissionais da medicina vão ser encorajados a empreender no digital. E quando o fizerem, esperamos que se lembrem da HeroSpark.

O casal de veterinários que com 300 reais montou um negócio on-line que fatura 30 mil reais por mês

A história de João e Mariana Amadio é muito inspiradora e cheia de dicas para quem quer empreender, mas não sabe por onde começar. Este é outro caso de sucesso que vimos decolar na HeroSpark. Quando começaram, João e Mariana tinham apenas 300 reais na conta. Ambos haviam se formado em Medicina Veterinária e acabado de deixar a cidade de Marília, no interior do estado de São Paulo. A ideia era tentar a vida em Curitiba, no Paraná. O sonho era construir um negócio.

O ano era 2008 e eles perceberam que não havia nenhum curso para plantonistas em fase de formação em cursos de Veterinária.

Encararam isso como uma oportunidade de empreender e daí nasceu a VeteduKa,[94] uma empresa especializada em cursos na área de medicina veterinária, com viés prático e aplicado à clínica. No começo, as aulas eram 100% presenciais. Apesar dos bons resultados com esse modelo de negócio, os criadores da VeteduKa tinham um sonho: impactar a vida de muitas pessoas pelo Brasil. A partir daí surgiu a oportunidade de criar uma versão on-line dos cursos para compartilhar esse conhecimento. Foi então que João e Mariana se aproximaram de nós.

O grande desafio de João e Mariana era criar um curso on-line com a mesma qualidade do presencial e com um preço acessível para abranger o maior número de alunos. A equipe da VeteduKa tinha uma certeza: eles precisavam de uma plataforma EAD que coubesse dentro do orçamento e que, ao mesmo tempo, fosse fácil de usar e que desse o suporte necessário para ajudar a empresa a crescer. Para atingir o sucesso com a venda de cursos on-line, João e Mariana passaram por um processo. Destrinchamos a evolução do casal em um passo a passo para ajudar você a entender como empreender on-line.

---

[94] Você pode acessar os canais da VeteduKa em: https://www.instagram.com/veteduka/; https://www.youtube.com/channel/UC9G7rEAxMmfDy3W2bzc8Tng; https://veteduka.com.br/. Acesso em: maio 2021.

Passo 1: Entendimento do público

A ideia do primeiro curso on-line estava muito clara na cabeça do João e da Mariana. No entanto, eles precisavam pesquisar mais sobre o tema e sobre os assuntos relacionados para criar um roteiro estruturado de aulas – lembrando que o conteúdo precisava ser o mais prático possível. Esse tipo de estudo inicial é importante para que você entenda seu mercado e, principalmente, compreenda como é o perfil do seu potencial cliente. Isso porque, se você não souber com quem está falando, as chances de se comunicar da maneira errada e de não conquistar um cliente são grandes.

Passo 2: Abordagem do conteúdo

Em seguida, o casal transformou páginas de anotações, referências acadêmicas e exemplos práticos no conteúdo do curso, listando quais seriam os módulos abordados dentro de cada treinamento com suas respectivas aulas. Nessa etapa, também foi importante definir a carga horária a ser cumprida, uma decisão que influencia totalmente os passos seguintes.

Passo 3: Metodologia de ensino

Já com os módulos, as aulas e a carga horária definidos a VeteduKa partiu em busca de uma metodologia de ensino que pudesse ser aplicada ao conteúdo. Para ser mais assertiva na escolha desse formato, a empresa analisou como era a metodologia oferecida pelos concorrentes, pensando em fazer algo melhor.

Passo 4: Gravação e edição das aulas

Após a consultoria do departamento de implementação da HeroSpark, a VeteduKa passou para a etapa de gravação de conteúdo. João e Mariana pesquisaram quais equipamentos seriam necessários para captação das videoaulas. Até mesmo a busca para locação de um estúdio que se encaixasse dentro do orçamento da empresa foi feita para garantir que o visual das aulas fosse melhor do que o dos concorrentes.

Passo 5: Parceiros para um projeto melhor

Um passo importante para a VeteduKa foi entender a necessidade de buscar parceiros que pudessem ajudar a desenvolver o projeto. Um produtor de cursos on-line precisa ter esse tipo de visão e de habilidade para identificar profissionais bons da área e trabalhar em parceria com eles. A negociação com esses profissionais era a seguinte: o pagamento aos parceiros seria feito após os cursos serem vendidos. Dessa forma, a VeteduKa não precisava desembolsar dinheiro em caixa para pagar os parceiros antes das vendas serem efetivadas.

Passo 6: Apresentação para o mundo

Os empreendedores, porém, entenderam que ter apenas um site sem divulgá-lo não traria resultados para a VeteduKa. Por isso, a empresa que fornece cursos on-line no segmento veterinário passou a investir em marketing de conteúdo e também nas redes sociais. A ideia era usar as mídias sociais para divulgar o curso e conquistar mais clientes. A grande vantagem de ir para o digital é que os clientes agora podem ser prospectados no Brasil e no exterior. Algo que o casal não podia fazer com o curso presencial.

Passo 7: Disponibilização do curso on-line

Como a VeteduKa já tinha decidido trabalhar com uma plataforma digital, após ter todos os materiais prontos, chegava o momento de fazer a hospedagem dos vídeos e a distribuição das aulas de maneira segura. Nessa etapa, naquele primeiro momento, demos todo o suporte para facilitar a vida do casal para que não tivessem dificuldades no momento de disponibilizar o curso.

A próxima etapa realizada por João e Mariana foi integrar o processo de compra e pagamento à plataforma digital. Assim, tão logo o cliente tivesse a compra aprovada, teria acesso ao curso on-line. Por fim, os dois puderam fazer a gestão dos conteúdos disponibilizados na plataforma e também acompanhar o desenvolvimento dos alunos por meio dos relatórios de desempenho. De 2008 para cá, a VeteduKa cresceu, e João e Mariana ajudaram muitos estudantes de Medicina Veterinária a conquistarem uma vaga no mercado de trabalho.

A VeteduKa já criou mais de vinte cursos para o segmento de Medicina Veterinária. A empresa tem uma média de 250 novos alunos por mês na plataforma de ensino. Atualmente são oferecidas mais de 180 aulas que já atingiram alunos em mais de 146 municípios brasileiros. O casal tem um rendimento médio mensal de 30 mil reais por mês. "Hoje, eu sou o dono da minha própria rotina e isso é muito positivo", diz João.

A maior realização de João e Mariana, no entanto, é saber que o conhecimento que compartilham pode melhorar a vida de muitos estudantes. "Imagine quanto de conhecimento estamos levando para essas pessoas, e quanto isso vai impactar na profissão delas, quantos animais serão bem tratados, mais bem diagnosticados com esse conhecimento que estamos levando para rincões do Brasil", diz João. Essa é a magia do ensino on-line.

Como o EAD revolucionou um estúdio de *pole dance*

Se ao ler as palavras "*pole dance*" a primeira associação que o seu cérebro fez foi com a personagem de Demi Moore no filme *Striptease*,[95] de 1996, ou então com a personagem da atriz Flávia Alessandra na novela *Duas caras*,[96] de 2007, esqueça essa imagem. No lugar disso, imagine uma dança acrobática que vem derrubando preconceitos e arrebatando adeptas a cada ano no Brasil. A atividade cresceu tanto nos últimos anos que pode ser vista em campeonatos estaduais, nacionais e mundiais.

O *pole dance* foi criado pelos indianos a partir da técnica milenar Malakamb, praticada em um tronco de árvore lapidada.[97] Ganhou popularidade em casas noturnas até que australianos, norte-americanos e canadenses difundiram como exercício. No Brasil, a pioneira foi a instrutora Alexandra Valença, que

---

[95] STRIPTEASE (filme). In: **Wikipedia**. Disponível em: https://pt.wikipedia.org/wiki/Striptease_(filme). Acesso em: maio 2021.

[96] DUAS caras (telenovela). In: **Wikipedia**. Disponível em: https://pt.wikipedia.org/wiki/Duas_Caras_(telenovela). Acesso em: maio 2021.

[97] POLE dance. In: **Wikipedia**. Disponível em: https://pt.wikipedia.org/wiki/Pole_dance. Acesso em: maio 2021.

treinou a atriz Flávia Alessandra para encenar suas performances de *pole dance* na novela. O sucesso do programa inspirou a educadora física paranaense Grazzy Brugner a começar seu negócio, em 2008.[98]

Grazzy é formada em Educação Física e se especializou em *pole dance* pelo Art Dance Studio em Buenos Aires, na Argentina. Quando percebeu o sucesso da novela, Grazzy rapidamente identificou que havia um nicho não explorado. Foi então que resolveu criar um estúdio. Mais tarde vieram a loja virtual, os cursos presenciais, a revista em três idiomas, além dos campeonatos. Tudo para difundir a atividade e ajudar a diminuir o preconceito. Mais recentemente, em 2019, ela reuniu toda sua experiência em um curso on-line, que lançamos na plataforma da HeroSpark. Em um ano, Grazzy conquistou mil alunas.

Grazzy conheceu o *pole dance* por meio do YouTube, quando era instrutora de academia. Foi estudar a técnica e só então decidiu empreender. Ela conta que a falta de referência no Brasil foi um dos desafios que enfrentou. "Não havia uma referência no Brasil, não tinha um outro estúdio ou escola", conta. Levou um tempo até o estúdio maturar e começar a atrair alunos. Com a novela da Globo, as mulheres passaram a procurar por escolas.

---

[98] Você pode acessar o perfil da Grazzy em: https://www.instagram.com/grazzybrugner/. Acesso em: maio 2021.

"Mesmo assim, eu investia todo meu tempo livre divulgando o *pole dance* pelo Brasil." Em 2018, Grazzy começou a conhecer as plataformas digitais e a fazer cursos para entender como empreender on-line. "Estou muito feliz em ter dado o passo para ensinar pela internet. Hoje, eu trabalho menos do que antes nas aulas e em cursos presenciais e passei a estudar e criar mais on--line. Ganhei qualidade de vida, já tenho retorno do investimento e conquistei alunas fora do Brasil."

Ele começou com 50 reais emprestados e hoje fatura 830 mil reais por ano

Paulo Roberto, conhecido na internet como "Morpheus", comanda, desde 2018, o portal *Matrix*, que auxilia empreendedores a conquistar independência financeira usando o marketing digital. Seus vídeos no YouTube já foram visualizados por mais de 1 milhão de pessoas. Quem o acompanha, como é o caso de seus alunos, sabe que Paulo começou pequeno, com pouca audiência, e foi crescendo aos poucos.

Em 2010, Paulo pediu 50 reais a sua então namorada, hoje esposa, para tentar empreender no digital. Sua primeira tentativa não foi bem-sucedida, mas ele não desistiu. Após acertos e erros, conseguiu retornos positivos a partir de 2016, quando ingressou no chamado mercado de afiliados, no qual atuava como revendedor de produtos físicos e digitais e recebia comissão por isso.

"Ganhei bastante dinheiro nesse período, fui premiado e reconhecido a ponto de ser convidado a me tornar gerente de afiliados. Nessa mesma época, passei a ensinar outras pessoas a ter resultados com produtos digitais", diz Paulo. Entre 2017 e 2018, ele manteve a consistência dos resultados e se tornou gestor de tráfego, profissão hoje conhecida no marketing digital. Paulo administrava campanhas de anúncios em grandes plataformas, como Google e Facebook.

Essas experiências o encorajaram a criar, em fevereiro de 2018, o portal *Matrix*, onde Paulo ensina, por meio de seus cursos on-line, palestras e mentorias sobre como usar o marketing digital para vender on-line. Em 2020, o portal *Matrix* registrou um faturamento de 830 mil reais.

Dez mil alunos formados em dois anos

Alfredo Soares, Bruno Nardon e Tallis Gomes já poderiam ter pendurado as chuteiras, como se diz. Os três começaram a empreender no digital desde cedo, cada um em um segmento diferente, e fizeram milhões com o crescimento acelerado de seus negócios. Alfredo é sócio da plataforma de e-commerce que mais cresce no mundo, a VTEX. Bruno foi cofundador no Brasil do aplicativo de delivery Rappi, além de fundador da Kanui e vice-presidente da Dafiti, ambos e-commerce de artigos esportivos. Já Tallis foi o fundador do aplicativo Easy Taxi, vendido por 1 bilhão de reais, e do aplicativo de beleza e bem-estar Singu. Olhando para esses nomes e seus feitos, você poderia pensar: "Esses caras estão com a vida ganha". Os três, no entanto, decidiram se juntar para criar um negócio: o Gestão 4.0, uma escola que nasceu para preparar melhor os gestores para empreender com as startups.

Segundo os três, o Gestão 4.0 nasceu do sonho de impactar o cenário brasileiro de negócios e gestão por meio da educação. Antes de começar, fizeram uma pesquisa profunda sobre o ambiente de negócios do país e perceberam que o empreendedorismo brasileiro poderia crescer muito mais. Porém, segundo eles, faltavam referências práticas de como transformar esse potencial em realidade. Eles então partiram para o MVP e montaram um cronograma de aulas, gravaram vídeos e promoveram uma imersão sobre gestão durante um fim de semana. O bom feedback dos clientes iniciais animou o trio a seguir em frente. "Vimos uma boa oportunidade de negócio e juntamos ao nosso objetivo de criar melhores gestores que façam a empresa investir em tecnologia, crescer e gerar mais empregos", diz Alfredo.

A partir das experiências anteriores, eles desenvolveram um *framework* de gestão cujo foco é ensinar a acelerar o crescimento de projetos e empresas. O principal produto do Gestão 4.0 é justamente o de imersões: são três dias de aula com materiais on-line, mentoria e *networking*. Executivos de empresas como Coco Bambu, Microsoft, Pizza Hut e Uber já participaram dos encontros. O Gestão 4.0 já impactou mais de setecentas organizações por meio dos mentorados. Juntas, essas companhias têm um faturamento de 600 bilhões de reais e mais de 350 mil funcionários. A pandemia de covid-19 forçou, ao mesmo tempo que motivou, o lançamento de novas frentes. Um exemplo é o G4 Lives, vertical de cursos on-line mais acessíveis sobre temas como crescimento, e-commerce, gestão de talentos, transformação digital e vendas. Criado em 2019, o Gestão 4.0 já formou, em seus dois primeiros anos, mais de 10 mil alunos – boa parte deles vindos do on-line.

A diretora de escola que criou sua própria escola on-line

A pedagoga Renata Glória Cunha possuía uma carreira de quinze anos no ensino público infantil. Atuou como professora, diretora escolar e funcionária da Secretaria Municipal de Educação de São Paulo. Como sempre gostou de estudar e de ensinar, criou, em 2009, um cursinho para preparar professores para concursos de ingresso na carreira pública na área de educação infantil. Até 2019, o curso preparatório era totalmente presencial e tratado como um hobby. "Eu dava aulas nas horas vagas e o que entrava de dinheiro era bem-vindo. Não me preocupava em divulgar o curso, mesmo tendo um índice de aprovação de 85%. Os alunos chegavam quase sempre por indicação dos ex-alunos", conta.

Ainda em 2019, Renata decidiu pedir a exoneração da carreira pública para se dedicar integralmente ao plano de montar a sua escola de preparação de professores para concursos públicos. Investiu na estrutura necessária para ampliar o número de alunos e turmas e já no primeiro mês, recebeu trezentas matrículas. "O número de clientes crescia a cada nova turma aberta", conta. Foi então que a pandemia de covid-19 interrompeu os planos de expansão de Renata, já que as aulas presenciais foram paralisadas, e ela achou que teria de fechar a escola recém-inaugurada. Aos 46 anos, Renata se viu desesperada pois havia investido dinheiro para montar o novo negócio e já não tinha mais o salário de servidora pública. "Me vi sem perspectivas", relembra.

Ela procurou a ajuda do Sebrae e foi aconselhada por um consultor a oferecer suas aulas on-line. "Precisei ter muita humildade para dizer 'eu não sei', 'sozinha eu não consigo', e fui aprendendo como transformar minhas aulas presenciais em on-line. Comecei a fazer *lives* e *webinars* utilizando a plataforma Zoom e as redes sociais para divulgar o meu trabalho e vender meus cursos", conta. Ela começou com pequenos cursos, mais curtos, para ganhar confiança. Também deu prioridade a temas mais atuais, os que apareceram como dúvidas dos alunos, que são professores, à medida que também tiveram de migrar para o digital. Conforme foi ganhando segurança, começou a migrar para o on-line os cursos mais densos, como o de preparação para concurso público (por exemplo, "Fundamentos Pedagógicos e Legislação").

Renata se sente orgulhosa e vitoriosa com a migração do ensino presencial para o on-line. Mais do que isso, ela hoje é uma empreendedora digital que transformou o seu conhecimento e experiência em pedagogia e ensino em uma escola on-line[99] cujo foco é a preparação de professores para concursos públicos na área de educação, além da capacitação deles para o ensino.

Seguindo os exemplos da professora Renata Glória, do Paulo Roberto (o Morpheus), do casal Amadio, da educadora física Grazzy Brugner, dos três amigos médicos que se tornaram sócios André Lima, Eduardo Lapa e Fernando Figuinha e dos empreendedores Alfredo Soares, Bruno Nardon e Tallis Gomes, você tem boas referências para prosperar no empreendedorismo digital.

O mais importante agora é colocar em prática tudo o que aprendeu até aqui. No mundo on-line, fazer vale mais ou tanto quanto planejar. Mãos à obra!

---

[99] Você pode acessar o site da professora Renata Glória em: http://professorarenatagloria.com.br/. Acesso em: maio 2021.

Com o feedback de familiares, amigos e da sua rede de contatos mais próxima, você vai aperfeiçoar as primeiras versões do seu curso. E, claro, nós da HeroSpark sempre vamos estar por perto para dar uma mão com o que for necessário, seja experiência, seja oferecendo uma plataforma digital completa para você expor o seu talento on-line e conquistar milhares de fãs. O mais importante: a hora de começar é agora!

CAPÍTULO 12
Transforme sua faísca em brilho intenso

Um milhão de pessoas podem fazer o seu trabalho. O que faz com que você seja tão especial? A resposta é o que vai dar a você a possibilidade de abrir as portas do seu negócio na internet. Com este livro, oferecemos ferramentas para que você assuma o controle de sua jornada. Durante a vida de seus pais, as empresas, nacionais e multinacionais, administraram a carreira deles. Eles puderam ser contratados, treinados e, em alguns momentos, até rolaram algumas promoções.

E, finalmente, depois de muitos anos de dedicação total, a empresa os mandou para casa, aposentados e com uma pensão até decente. A esta altura do campeonato você já deve ter se dado conta de que esse tempo ficou para trás. Hoje a vida útil de uma empresa pode ser mais curta do que a sua carreira. Há uma incerteza que torna difícil planejar a carreira a longo prazo com qualquer empregador.

Compaq, Kodak, Blockbuster, Sun Microsystems, Xerox, Blackberry...

... e Toshiba foram nomes sinônimos de estabilidade e crescimento no século XX. Todas essas marcas se tornaram famosas pelos seus processos seletivos exigentes. Só contratavam os melhores. Deram, aos profissionais que tiveram a chance de passar por elas, uma grande oportunidade de construir suas vidas e carreiras. Hoje, essas empresas desapareceram ou se tornaram praticamente irrelevantes em seus mercados.

O ponto aqui é que poucas empresas hoje podem realmente afirmar que oferecem emprego garantido para toda a vida. O antigo modelo de certeza de emprego no longo prazo não funciona mais em um ambiente de negócios definido por mudanças contínuas. No fundo, analisando a dinâmica do mercado de trabalho e a inserção acelerada da tecnologia em todas as frentes de negócio, é mais provável que você seja forçado a trocar de emprego mais rápido do que de automóvel.

Para ter sucesso no século XXI, é preciso definir um plano para si e não esperar que uma empresa trace o seu destino. E aqui cabe colocar em perspectiva o que estamos considerando quando falamos de sucesso. Como dissemos lá no início deste livro, o sucesso é uma medida individual. Para uns, ele está atrelado à recompensa financeira. Para outros, o sucesso passa pela qualidade de vida e em ter tempo livre para curtir a vida – com dinheiro, mas não tanto dinheiro como para quem vê na riqueza material sua maior fonte de felicidade.

O fato é que ser dono do próprio destino é uma perspectiva mais viável para mais pessoas. E o segredo para conquistar sua independência profissional e financeira passa por se tornar um empreendedor. Nós acreditamos que qualquer pessoa não apenas pode ser empreendedora, mas deve sê-lo. Nem todos devem abrir empresas, mas todos devem ser os empreendedores da própria vida. As habilidades que as pessoas precisam para gerenciar suas carreiras são semelhantes às habilidades dos empreendedores quando eles iniciam e desenvolvem empresas.

Por exemplo, os empreendedores podem ser persistentes em um plano e flexíveis quando as condições mudam. Eles assumem riscos inteligentes, constroem redes de aliados e as usam para obter inteligência sobre o que está acontecendo no mundo. Os empreendedores mais inovadores possuem habilidades únicas, e você também possui habilidades únicas. E mais: você pode impactar milhões de pessoas se decidir deixar de ser um expert oculto e seguir a sua veia empreendedora. Como dissemos anteriormente, é importante se despir de velhos hábitos. Você também não precisa fazer uma transição radical. O modelo que estamos propondo aceita escalas.

Os seus ativos nesta nova jornada empreendedora são as suas competências ou as atividades nas quais você sempre é bom (que podem ser, aliás, seus hobbies).

O que você quer ser e onde você se vê empreendendo são suas aspirações. As demandas do mercado vão determinar se seus ativos e suas aspirações são suficientes para pagar as contas.

O ponto ideal é onde os três se sobrepõem: demanda, ativos e recompensa financeira. Trouxemos vários casos de profissionais que encontraram seu espaço. O que eles fizeram foi dar o primeiro passo, seguir nosso método e perseverar.

A jornada empreendedora de ensinar pessoas pela internet pressupõe aprender ao longo do caminho, executar enquanto planeja, terminar ciclos enquanto inicia novos cursos. Não há pontos de partida e de chegada tão claros. Ainda assim, apesar da necessidade de aprendizado e recalibração constante, você poderá escolher em que colocar suas energias diante de oportunidades que surgirem, e como se adaptar às mudanças que vão aparecer no caminho. Você será o dono do próprio destino.

Ao pensar sobre o seu futuro como um expert, reflita sobre quais assuntos curte saber mais. Quais temas despertam a sua paixão? Quais estímulos aumentam o seu desejo por novos conhecimentos? A curiosidade está intimamente ligada ao conhecimento. Quanto mais você sabe, mais pode ficar curioso, porque tem uma base sobre a qual construir. A curiosidade também está significativamente associada à persistência. Com o que você se importa verdadeiramente para perseguir com interesse e paixão?

Tão importante quanto refletir sobre essas questões é agir. Vivemos em um mundo de oportunidades.

CAPÍTULO 12

Literalmente, há inúmeras possibilidades. No entanto, há uma advertência: para aproveitá-las, você precisa se mexer.

Todos os sonhos, os planos e as metas são inúteis se nunca agirmos. Agir, por si só, não é suficiente. A ação estratégica é a chave para o sucesso. O método nós compartilhamos, agora o plano é com você. Transforme a sua faísca em brilho intenso. E se, no meio do caminho, precisar de impulso para escalar seu negócio, fale conosco! Será um prazer ajudar.

Este livro foi impresso
pela Edições Loyola em
papel pólen bold 70 g
em julho de 2021.